字
文 照 未
烛 未
TopBook

白居易传

［日］川合康三 / 著

杨昆鹏 / 译

陕西新华出版 陕西人民出版社

图书在版编目（CIP）数据

白居易传/（日）川合康三著；杨昆鹏译. -- 西安：陕西人民出版社，2025. -- ISBN 978-7-224-15464-1

Ⅰ.K825.6

中国国家版本馆 CIP 数据核字第 2024LF6132 号

著作权合同登记号：25-2025-055
HAKURAKUTEN: KAN TO IN NO HAZAMA DE
by Kozo Kawai
© 2010 by Kozo Kawai
Originally published in 2010 by Iwanami Shoten, Publishers, Tokyo.
This simplified Chinese edition published 2025
by Shaanxi People's Publishing House, Shaanxi
by arrangement with Iwanami Shoten, Publishers, Tokyo

白居易传
BAI JUYI ZHUAN

作　　者	[日]川合康三
译　　者	杨昆鹏
出版发行	陕西人民出版社
	（西安市北大街 147 号　邮编：710003）
印　　刷	陕西金和印务有限公司
开　　本	787 毫米 × 1092 毫米　1/32
印　　张	6.125
字　　数	95 千字
版　　次	2025 年 2 月第 1 版
印　　次	2025 年 2 月第 1 次印刷
书　　号	ISBN 978-7-224-15464-1
定　　价	58.50 元

如有印装质量问题，请与本社联系调换。电话：029-87205094

序言

白居易是平安朝时期的日本最受欢迎的诗人。清少纳言的《枕草子》中就曾写到"文即文集、文选……",只需"文集"二字就能表示所指《白氏文集》,足见其影响之大。白居易作品在日本的流行,出于日本对唐朝文学的全盘接受。一般来说,接受和吸收外国文化,由个人自身判断和选择的情况较少,更多是受到这种文化在本土的传播程度的影响。

不过,白居易的作品确实内容浅显、文字平白,对外国读者来说容易接受。白居易的作品大胆破除以往的诗歌规范,取得了新的成果,这在中国诗歌史上具有划时代的意义。与白居易处于同一时期的韩愈等诗人,转向了内容独特、表达晦涩的风格。在摆脱旧规这一点上,白居易和韩愈具有相同的性质。

白居易的诗歌通俗易懂，不仅促进了日本人对中国古典文学的学习，而且对用假名书写的日本文学也产生了巨大影响。不了解白居易就很难理解日本文学。可以说，白居易对日本文学的影响极为深远，甚至在日本文化以及日本人的生活方式中，都留下了深深的印迹。

本书由通晓中日两国文学的学者杨昆鹏进行翻译。期待广大读者通过此书，能够更深层次地了解白居易的一生，以及他的文学作品在中国和日本发展的情况。

川合康三

2024 年 9 月 23 日

前言

歌颂幸福的诗人

"诗人薄命"

"幸福的诗人"这个形容,莫非就如同说"白色的乌鸦"一般自相矛盾呢?十九世纪法国诗人魏尔伦曾写过一篇题为《被诅咒的诗人》的评论;同样在中国,诗人向来都被认为命运多舛。在白乐天的文章中,也有"世所谓文士多数奇,诗人尤薄命,于斯见矣"的句子(《序洛诗》)。从前置修饰"世所谓"三字,即可看出"诗人薄命"——是"诗人薄命"而非"美人薄命"——的说法,在当时已经相当普遍。

白乐天在写给挚友元稹的信中说:"况诗人多蹇,如陈子昂、杜甫,各授一拾遗,而迍剥至死"(《与元九书》)。他以唐代文人为例,感叹诗人不能摆脱困窘的宿命。

这里所举出的杜甫，比白乐天早出生整整六十年，当他听闻好友李白被流放到遥远的夜郎，不禁发出痛心的感慨："文章憎命达"——文学憎恶作者的幸运，李白也是因为才华而遭到了报应吗？"诗人薄命"这句成语把诗人与不幸的结合看作宿命，而杜甫进一步将"文章"即文学拟人化，指出是"文学"故意令作者陷入不幸。

司马迁的境遇

著述者与不幸的关系，可以追溯到西汉的司马迁（前145？—前87？）。因为替战败投降匈奴的李陵辩护而激怒汉武帝的司马迁，虽然免于死罪却遭受了宫刑。在经历了一个男子最大的屈辱之后，他联想到那些遭遇不幸命运的古人。

> 昔西伯拘羑里，演《周易》；孔子厄陈、蔡，作《春秋》；屈原放逐，著《离骚》；左丘失明，厥有《国语》；孙子膑脚，而论兵法……
> ——《史记太史公自序》

（从前周文王在狱中增补了《周易》，孔子在陈蔡之地遇险时写下《春秋》，屈原被流放之后创作了《离骚》，左丘明失明后撰述《国语》，孙子被斩足之后论著兵法……）

尽管遭遇的不幸情形各异，但是他们都决然与苦难做抗争，为后世留下了皇皇著述。想到这些，司马迁在绝望的深渊中激励自己，通过撰写《史记》为生命留下印记。鼓舞精神，提笔著述，这被称为"发愤著书"，并且在中国作为一种写作动机而流芳百世。

司马迁从前人足迹中发现了杰出的著述诞生于不幸的境遇这一事实。然而不知从何时起，原因和结果相互倒置，变成一个更具刺激性的说法并流传开来，即"著述招来不幸"，而且只有真正的诗人才"诗人薄幸"——"诗人薄命"。

穷者巧

后来这种因果关系再次发生颠倒。北宋的欧阳修（1007—1072）宣称，只有在逆境中才能诞生优秀的文学。他在为友人梅尧臣——由于不谙世事在官场未见起色便早逝——编纂

的诗集序言中写道:

> 予闻世谓诗人少达而多穷,夫岂然哉?盖世所传诗者,多出于古穷人之辞也。凡士之蕴其所有,而不得施于世者,多喜自放于山巅水涯之外,见虫鱼草木风云鸟兽之状类,往往探其奇怪,内有忧思感愤之郁积,其兴于怨刺,以道羁臣寡妇之所叹,而写人情之难言。盖愈穷则愈工。然则非诗之能穷人,殆穷者而后工也。
>
> ——《梅圣俞诗集序》
>
> (都说诗人皆怀才不遇,果真如此吗?流传至今的诗作,确实很多出自穷士之手。那是因为受到世间排挤而有机会亲近自然,得以细致观察自然;因为心中忧思郁积而长于表达人之悲哀。并非诗令诗人不幸,而正是在穷困的境遇之中,杰出的作品才得以诞生。)

人正是在苦难中才能使自己对外界和人心的感知变得更加敏锐,并由此创作出优秀的文学作品。欧阳修对诗人与不幸的关系做出了合理的说明。

无论是欧阳修所说的"穷者而后工",还是世间所说的

"诗人薄命",诗人与不幸总是紧密相连,仿佛"幸福的诗人"本不可能存在一般。

罕见的例外——白乐天

然而有个罕见的例外,白乐天。如果以中国士人普遍的价值观来衡量,为官,他跻身高位;为文,声名显赫;为人,安享遐寿。这些福运都降临在白乐天身上。尽管他并非升迁无忧的世家子弟,但其最终官位距宰相仅一步之遥,他获得了财富与清誉,尽情享受了安逸而悠长的晚年生活。他初涉官场便声名鹊起,受到的评价之高连他本人都感到困惑。直到宋初欧阳修、苏轼提倡的新文学观兴起之前,他都被誉为唐代首屈一指的文学家。他七十五岁的寿命,在唐代文学家里,足以称为长寿。从这些外在条件来看,可以说白乐天度过了作为一个诗人的少有的幸福人生。

自觉地吸收喜悦的情感

虽说如此,幸福原非可以客观衡量的东西,我们不能仅凭外在条件就确定白乐天一定幸福。尽管不能断言他是一位"幸福的诗人",但他至少确实是个"歌颂幸福的诗人"。文学自古多悲情,白乐天自身也多次提到这一点(见本书第四章第三节)。对此,白乐天高声宣告自己的文学是歌颂喜悦的文学。生命的喜悦,日常生活中的幸福,这些才是他想要歌颂的东西。

那些喜悦无甚特别之处:享受赖床晚起的安闲,观赏各季的景致,与友人推杯换盏谈笑风生,等等。虽然在旷阔的宅邸造池泛舟、凭波摇荡的乐趣对我们来说遥不可及,但是诸如裹在温暖的被窝中睡懒觉、在暄煦的阳光中惬意地打盹,这些快意倒是唾手可得。白乐天的文学,将从未在诗中出现过的来自日常生活中的细微愉悦,作为生命中的乐趣仔细品味并用语言表达和展现出来。将喜悦的情感有意识地纳入文学,这一点堪称白乐天为中国文学赋予的最大意义。

"知足"的态度

那么,白乐天是如何获得幸福感的呢。

其一，在于他满足于既有条件的态度。在白乐天的诗文中时常出现"自足""知足"这些词汇。我们可以从他关于年龄的表述中，看到其自足于当下处境的典型事例。三十七岁时他说自己"非老亦非少，年过三纪余。（不算年老也不算年轻，当下正好）"（《松斋自题》）；在四十七岁时的诗里说"三十气太壮，胸中多是非。六十身太老，四体不支持。四十至五十，正是退闲时。（三十多岁时气血旺多迷惘，到了六十岁以后又力不从心，所以现在最好）"（《白云期》）；等到了六十多岁，又说"三十四十五欲牵，七十八十百病缠。五十六十却不恶，恬淡清净心安然。（三十、四十受制于欲望；七十、八十疾病缠身。五十、六十的眼下才得以身心安然）"（《耳顺吟寄敦诗梦得》），尽显自足之意。他在诗中写出无论哪个人生阶段，最佳时期都无匹于当下的满足心情。

诚然，这种态度略微带有一丝吃不到葡萄说葡萄酸的意味，既缺乏实现目标的意志，又不具克服障碍勇于迈进的力量。然而，并非只有充满紧张感和洋溢旺盛活力的文学才是文学，也可以有一些与之性质不同、描述被惬意日常所温柔环绕的文学。而这正是白乐天的首创。

懂得"适可而止"

还有一点,与满足于既有条件相关,即以中间状态为佳的态度,也显见于白乐天的文学。满意当下的年龄,其实就是将各个年龄看作既不过于年少又不至于太老的适中状态。而这又不只限于年龄,两极的中间位置最为理想的观念存在于各种事象,尤其与他的文学和人生有深刻关联的是介于官与隐的中间状态。中国的士人当然志在入仕为官,与此同时对与入仕相对立的隐逸也心怀憧憬。而白乐天用"中隐"一词所表述的(见本书第四章第三节)介于官与隐的中间状态,让这两种背道而驰的生活方式的融合变为可能。置身官场的同时又过上隐逸生活,白乐天的这一毕生之愿,在其晚年位于洛阳履道里的宅邸中得以实现。

说到适中,中国人会立刻想到"中庸"。"中庸"的含义难以把握,"过"与"不及"之间的状态为"中",具有中正不倚的独立价值。例如过度的行为是为"狂",反之,不能付诸行动即为"狷",而"中行",即堪称"中庸"的行为则被视为至上(《论语·子路篇》)。尽管"中庸"在以适中为宜这一点上与白乐天具有共通之处,但其本身就具有实在的主体性价值。也正因如此，可以从中导出"诚"这一更为清晰的概念。

亚里士多德在《尼各马可伦理学》中阐述的"中庸"（Mesotes）也与此相似，过大与过小皆为反价值，其中间为德。例如以衡量勇气的尺度来说，勇气过大为无谋，过小则为怯懦，两者中间乃是勇敢，只有勇敢才具有价值。而对白乐天来说，两极不是反价值，中间也不具绝对价值。就官与隐来说，两者本身都不会受到否定，官与隐各具所长，将两者折中才算适度。

另外，相对于"中庸"为伦理基准，白乐天所追求的适中乃自我感受到的快感尺度，二者的差异在此亦有体现。我们不能将安于适度的白乐天与"中庸"画等号。事实上在白乐天的诗文中从未出现过"中庸"一词。总之他讲求适中状态，"适可而止"，这也是一种不彻底和模棱两可。

因此，不得不说白乐天的文学缺乏将某种理念贯穿到底的冷峻和燃烧的激情。然而在现实中，尽可能地满足自身愿望，也是一种堪称贤明的生活态度。从中得到的满足感，在生活中关怀身边的人与物而体会到的快乐——白乐天开创了歌颂这些情感的文学。

那么现实中的白乐天究竟度过了一个怎样的人生,他又是如何从中发现生命的喜悦并将其写成文学的呢?让我们沿着他七十五年的人生足迹,去寻找答案。

目录

第一章
精英官僚的诞生
——元和新政的天之骄子

第一节 幸运的开端 / 003
第二节 年轻的文人官僚 / 015
第三节 唱出《长恨歌》/ 026

第二章
流行诗人的登场
——新文学的旗手

第一节 风靡一时 / 053
第二节 元轻白俗 / 064
第三节 向社会诗转型 / 079

第三章
讽喻与闲适
——公与私

第一节 左迁江州 / 095
第二节 编纂《白氏文集》/ 111
第三节 与元稹的交情 / 122

第四章　　　第一节　复归朝政与再度脱离 /135
生命的欢歌　　第二节　宦游岁月 /147
——自足的晚年　第三节　"闲适"的成就 /158

附录　白居易年谱 /175

代跋　如何解读白乐天 /177

第一章 精英官僚的诞生——元和新政的天之骄子

第一节

幸运的开端

出身于平凡的士大夫阶级

白居易,字乐天。本书沿用日本的习惯,称其为白乐天。白乐天出生于唐朝代宗大历七年(772)。那场震动全国的安禄山之变,已在十年前平息。设置于各地的节度使显露出独立的动向,朝廷已经失去了全盛时期的统治力。节度使通过控制被称为藩镇的辖地与朝廷对立。在朝廷内部,围绕动用武力压制藩镇和采取怀柔政策两种不同方针,形成了党派的对立。此外再加上宦官势力,朝臣、宦官、藩镇,三方之间的利害关系错综复杂。这种局势一直持续到藩镇枭雄朱全忠推翻唐王朝那一年(907)为止。

白乐天的出生地郑州新郑县（治今河南新郑）位于洛阳以东一百多公里，辗转各地担任县令的祖父白锽在此安家置业，白乐天出生时父亲白季庚作为地方官赴任在外。祖父和父亲均为明经科出身，如果不能考中进士科，就只能出任州、县级别的地方官。母亲陈氏，其父陈润为鄜城（治今陕西富县）县尉，与白家同样不是名门。陈氏还有一个叫作幼文的兄长，后来在饶州浮梁县做主簿（主管事务的官员），二人相差几岁不详。白乐天之后还有行简、幼美两个弟弟先后出生。最小的幼美在九岁时夭亡，白行简后来考取进士踏入官场。

在白乐天之前，亲族中无人高就朝官。白乐天的家世背景不过如此。后来白行简就任膳部郎中，远房从弟白敏中官至宰相，两人的成功也有白乐天的功劳。白乐天之后白家成为高官辈出的门第，在他之前不过是中下流士大夫而已。

背负全家的期待

白乐天后来在写给元稹的信中记录了这样一件事。他在刚六七个月大的时候，就能认出"之"与"无"的区别。可能当时"无"字容易写成与"之"字混淆的草书体。乳母在屏风前问哪个字是"之",哪个字是"无",尚不能言的白乐天用手指画从未出错。

白乐天用这段记叙感叹自己与"文字"的宿缘之深,当然其中也包含着些许自负,然而通过这件逸事,我们仿佛看到这个天资聪颖的男婴的降生令白家上下欢欣鼓舞的情形。祖父和父亲都是辗转各地的基层官员,这样的白家说不定要出一个身居朝堂的达官显贵——周围人们都这么满怀期待。没有高官的门族要出高级官僚,这在之前是绝不可能的事情。然而世事变幻,有一些兆头显示出那不会仅仅是个梦想,因此大人们对白乐天寄予厚望。而且那种热切期待以"字"为开端,这也鲜明地反映出当时的状况:舞文弄墨,工于辞章,借此可打开飞黄腾达的人生道路。

阶级变动的时代

一般来说,唐代被分为初唐、盛唐、中唐、晚唐四个时期。这种划分,原本基于视盛唐诗歌为顶点的文学观,后来也被用于把握唐代的历史与文化。安史之乱平息之后,八世纪中期以后的中唐时期,在多方面呈现出向宋代模式转变的新动向。这意味着到了宋代变得普通平常的事物，最初的开端出现在这个时期。阶级变动是中唐变化最大的事项之一，在此之前高级官员都限于门第出身，从这一时期开始，即使父祖长辈中没有高官显爵，通过参加科举考试也可能跃升到政界顶层。韩愈、白乐天、刘禹锡、柳宗元，加上白乐天最亲密的朋友元稹——代表中唐时期的这些作家均非名门之后。但元稹贵为宰相，韩愈、白乐天的官职距离宰相仅一步之遥。后文还会提到，刘禹锡、柳宗元在青年时期就断送了政治生命而且终生不得翻身，他们所遭受的致命性打击，也从侧面显示出两人当时在政坛的影响力举足轻重。

政界的重要人物，同时在文学界也代表着那个时代。出现于中唐的这一现象，在宋代便成为常规。与盛唐声名显赫的文人相比，两者的不同一目了然。盛唐的李白与杜甫置身朝廷的时期非常短暂，孟浩然毕生与官位无缘。官至高位的王维是个例外，然而与其说他是得益于政治手腕，不如说是朝廷优遇文化人的结果。中唐时期，不仅打开了通过科举进入官场的上升渠道，文学上的名声也会影响一个人作为官员受到的评价，卓越的文人与身居高位的官僚两者重合一致。不能不说白乐天确实生在了一个幸运的时代。

分辨"之""无"二字的故事，估计白居易从小到大已经听大人讲过无数次了。——你还是个婴儿的时候就如此聪颖。此情形让人不难想象白乐天得到双亲和乳母以及周围人万般宠爱的幸福童年。白乐天的文学，总体上看不到狷介和憎恶等针对他人的恶意，如同被煦暖阳光般的平和所包围。他稳重温和的个人性格，无疑是在充满期待和关爱的幼年期养成的。

文才

白乐天还有一件少年时代的逸事为人熟知。十五六岁的白乐天来到长安，求见当时的名士顾况。参加进士科考试之前的年轻人拜访名人自荐作品以求认可，这种为科举登第做铺垫的事先准备在当时相当普遍。顾况看到递上来的名片上写着"居易"之名，就调侃说都城物价昂贵，"居亦不易"，即生活也不容易。但是当他看到文章开头的诗后立即改口，说能写出这样的作品的人在都城也能生活。如果查阅顾况与白乐天现实中的活动轨迹，便可知两人的会面并不可能发生，因此这件逸事遭到否定，但它十分切实地反映出当时的状况，即只要具备文笔才华，经济生活就能得到保障。当时的时代风气正是如此。

与白乐天同为中唐文学代表人物的韩愈，也在送给儿子的诗《示儿》中这样写道："始我来京师，止携一束书。"自己来京城时身无分文，如今能住在宽敞的宅邸，与显贵交谊往来，都是致力学问的结果。当然，不是人人都能凭借笔墨之力出人头地。也有人像韩愈的畏友孟郊那样，一味埋头作诗而缺乏生活能力，在穷困潦倒中死去。韩愈门下还有不少文人也经历了毁灭性的人生。而韩愈和白乐天具有相信自我潜力的乐观态度和豁达开朗的性情，甚至可以认为这些性格方面的因素日后为他们带来社会性的成功。当然问题在于各自的秉性能否发挥，而非孰优孰劣。

萌动的生命力

尽管得到顾况认可的逸事并非事实，但据说当时受到顾况赞赏的那首诗被选入了白乐天的诗集。这首五言律诗题为《赋得古原草送别》，所谓"赋得某某"，是指应某某之题而作，在饯别的酒席上回答命题，或是设想这种场景的习作。按文集的编辑顺序，前一首诗的题目下方标注"时年十五"，其后第二首标注着"年十八"，因此该诗应该作于这两首之间。从中能够感受到符合十多岁年龄的纯真，同时又能在循规蹈矩中看到白乐天本人的特色。以下引用该诗的前四句。

离离原上草，一岁一枯荣。
野火烧不尽，春风吹又生。
（草原上茂密的青草，一年一次，从枯黄中返青。野火烧也烧不尽，春风吹拂，就会再次长出。）

如果只看到野草一旦萌生就必将枯萎的一面，那么这种荣枯反复就足以成为感叹世事无常的素材。而白乐天着眼于枯草在春天重焕生机的另一面，歌颂吐芽抽枝的生命力，而不是沉浸于悲观伤感，这似乎象征着肯定生命的白乐天的整体文学风格。

进士及第

白乐天参加科举是在贞元十六年（800）。受当时的主考官高郢擢升考中进士，在十七位合格者中名列第四。进士科考试的第一责任人"知贡举"每年更换，考试结果因知贡举而大有不同。元稹在白乐天的文集序文中写道：当年的知贡举高郢重视经学与文学，因此白乐天幸运地初试进士科便金榜题名（《白氏长庆集序》）。据白乐天在《与元九书》中的回忆：自己初应进士时，在朝中举目无亲，高官中既无熟面亦无旧知。只能徒手空拳，独自面对。

这么说是因为当时与今天的入学考试不同，有亲戚或熟识的名士对能否考取很重要。赏识无名之辈白乐天的正是知贡举高郢。知贡举与及第者结为"座主"与"门生"的师徒关系，这种关系持续终生。同期的及第者互称"同年"，也会成为毕生好友。进士考试为后来的官宦生涯奠定了最初的人际关系。

白乐天是在二十九岁时考取进士的，在同年当中最为年少，但在著名文人里并不算早。或许是因为他二十三岁时父亲过世，服丧三年，在那前后经济上不够充裕吧。不过，后文中还会提到，他踏入官场较晚这件事，反而为他的宦途带来了幸运的结果。

结识毕生挚友元稹

贞元十九年（803），白乐天通过了吏部主持的考核之一"书判拔萃科"。按当时惯例，通过礼部的进士科考试之后，进士要再通过吏部的考核才能获得官职。吏部的考试分为数科，对文人官员来说最具挑战的是"博学宏词科"。据晚唐诗人李商隐为白乐天所撰墓志铭，白乐天祖父名为白锽，"锽"与"宏"读音相近，因此白乐天回避博学宏词科而应考了书判拔萃科。

白乐天与毕生挚友元稹就相识于此时。元稹也是通过当年吏部考核的八人之一。白乐天交友甚广，而唯一称得上毕生之交的非元稹莫属（见本书第三章第三节）。两人一同就任秘书省校书郎，这也是他们最初的官职。

秘书省校书郎官位虽卑，就任此职却是将来成为高级官员的合理路径。他们可以自由阅览皇宫图书馆的藏书，最难得的是拥有充裕的时间。这或许是给未来可期的年轻官员留下充足学习时间的特意安排吧。

"二王八司马"

白乐天和元稹踏入官场之时，朝廷核心正在推动一项改革运动，主导者是王伾和王叔文。二人既非名门出身，亦非科举选才，在新旧官僚阶层的夹缝中一路升迁，得到顺宗信任手握大权。也许是因为他们的出身不够体面，由王氏二人主导的政治活动得到的评价颇为不堪，二人甚至被视为破坏体制的邪恶政治集团。

在新中国成立后，对于二王改革中诸如当时解放宫女、废除宫市等改革措施，有了新的认识，改革转而受到肯定。在这次改革中被废除的宫市，是指朝廷从民间采购廉价物资再以高价卖出，让宦官从中获利的做法。行政改革必然会受到既得利益者——在当时即为宦官的反对，二王的改革运动在短时期内便遭遇溃败，王伾、王叔文被处死，核心的八位官员被贬为"司马"而外放边地。此所谓"二王八司马"政变，又称"永贞革新"。

刘禹锡与柳宗元

在"八司马"之中有两位著名文人，刘禹锡与柳宗元。刘禹锡与白乐天同年出生，贞元九年（793）二十二岁时考取进士，次年即通过博学宏词科，很早就踏入官场。柳宗元比白乐天小一岁，与刘禹锡同样在贞元九年二十一岁时进士及第，贞元十四年（798）二十六岁时考取博学宏词科获得官位。与白乐天年龄相仿的两人先一步走上了高级官员的仕宦之路，因此参与了王伾、王叔文的改革，结果年纪轻轻就断送了政治生命。

刘禹锡外放朗州司马，十年后迁连州刺史，免罪之后依旧辗转各地担任刺史。他与白乐天同样长寿，虽然晚年回到都城，但最终与显职无缘。柳宗元则先任永州司马，十年后转任柳州刺史并在该地去世。一般来说，伴随权力斗争的左迁可谓官场常态，多数情况下经过三年左右就会得到量移（减轻罪行迁至他所），或是重返朝廷，虽然大起大落但地位恢复得也快，而王伾、王叔文集团的成员都没能东山再起。他们受到如此沉重的打击，似乎也是该政治集团被视为危险因素的佐证。

新晋官僚

公元805年顺宗退位，宪宗即位，二王集团瓦解。翌年（806），改年号为元和，力图对朝官人事进行刷新。为此，除了每年例行的考试之外，还实施了由皇帝直接参与的

"制科"考核。二王的改革风暴势头猛烈之时,白乐天与元稹还在校书郎这个与行政实务颇有距离的闲职任上,得以毫发无伤。当年制科的正式名称为"才识兼茂明于体用科"。为了备考,两人闭守在幽静的道观(道教寺院),足不出户,潜心发愤。功夫不负有心人,元稹以第三等、白乐天以第四等的成绩通过考核。按照惯例,制科不设第一等、第二等,因此实际上是以首席合格的元稹旋即被任命为左拾遗,白乐天则被授盩厔(治今陕西周至)县尉。就这样,元稹与白乐天作为参与元和新政的新晋官僚而飒爽登场。

风云际遇确实不可思议,像白乐天这样出身的人能出入朝廷是时代的产物。而步入官场仅数年之差,他便在后来的官宦生涯中与刘禹锡、柳宗元展现出明显的区别。与宪宗元和新政一同走上前台的白乐天、元稹二人,拥有了一个无比幸运的开端。

第二节

年轻的文人官僚

冉冉升起的文学家

三十岁之后才涉足官场的白乐天,也是在这一时期才正式开始文学创作的。当然,白乐天之前也曾写诗作文,但在后来编辑个人文集时,他将这些作品删除了。中国文人常常会舍弃自己青年时代的作品,这种行为与他们的文学态度有关。文学与人生紧密相连,一般来说,随着作者人生观的成熟,其文学质量也会提高,因此老成会受到尊重,而年青只会被看作不成熟。像浪漫派诗人和作曲家那样虽然短命却能百代流芳的艺术家,在中国凤毛麟角。要说二十多岁就英年早逝而又留下佳作的诗人,我只能想到初唐的王勃(650—

676）和中唐的李贺（790—816）。

白乐天仕宦生涯的开启与文学创作的开端发生于同一时期，这为其文学赋予了独特的性质，即怅叹不遇的诗作寥寥无几。中国自古就将"发愤著书"视为从文的动机，"贤人失志"同样是文学的主题。描写郁郁不得志的日子，抒发那些日常的郁愤和对浊俗的厌恶，这才是中国的"青春文学"。白乐天鲜有求官而不遇的作品，这是他的文学中很少展露不满情绪的重要原因之一。

讽喻与闲适——两个主题

白乐天的文学基本围绕讽喻与闲适两大主题，讽喻诗批判社会问题，闲适诗歌颂生活的欢愉。一般认为他青年时代仕宦期的作品为讽喻，到了晚年作品转为闲适，然而这与事实并不相符。他的讽喻诗与闲适诗几乎是同时平行地展开创作的。例如贞元十九年（803）通过书判拔萃科考，甫任秘书省校书郎时期所作的《常乐里闲居偶题十六韵》，就被置于《白氏文集》"闲适"诗卷首，成为其早期闲适文学的代表作品。诗中流露出在公务闲暇中品味到的轻松和舒畅，以及与意气相投的友人们分享这种心情的温暖。

珍惜每一位朋友

《常乐里闲居偶题十六韵》篇幅不短，标题也很长，完整的标题为《常乐里闲居，偶题十六韵，兼寄刘十五公舆、王十一起、吕二炅、吕四颖、崔十八玄亮、元九稹、刘三十二敦质、张十五仲方，时为校书郎》。

城墙环绕的长安城内，被东西和南北方向的街道分割成许多区域，名为"长乐里"的区域位于最东边一列从南往北数第六坊。据白乐天同一时期的作品《养竹记》记载，此处为已故宰相关播宅邸的别院，是白乐天在长安最初的住所。"长乐里"是个专有名词，而其"长乐之里"的名字正适合作为白乐天的居所。所谓"十六韵"，因为偶数句押韵，所以全诗总共三十二句，他偶成此篇呈送诸位，且为交游之邀约。

这里一连举出八个人的姓名，姓与名之间是排行（在亲兄弟与堂兄弟之间的排行）。其中王起、吕炅、吕颖、崔玄亮、元稹五人与白乐天同年考取吏部的博学宏词科或书判拔萃科；其余三人，即刘公舆、刘敦质、张仲方，在清代徐松载录科举考试合格者的《登科记考》中没有记载，事迹不详；关于刘敦质，白乐天在次年，即贞元二十年（804）写了一篇名为《哭刘敦质》的诗，所以他应该较早过世。可以推想这是一群年轻的朋侪，有人刚刚通过科举考试初踏宦途，有人即将应试。白乐天在诗文中一一列举姓名，虽然有闻无闻的名姓记录下来显得冗长，但从详细的记述中可以看出他对每一位友人的珍惜。

无用者的谱系

白乐天在这首诗的开篇，把自己定义为身处都市喧嚣同时又在寂静中生活之人。

> 帝都名利场，鸡鸣无安居。
> 独有懒慢者，日高头未梳。
> 工拙性不同，进退亦遂殊。
> 幸逢太平代，天子好文儒。
> 小才难大用，典校在秘书。
> 三旬两入省，因得养顽疏。

（在大唐帝国的都城里争名夺利，鸡鸣之后无人居宅享受安逸。偏有一懒散之人，日升三竿还未梳头。处世工拙因人而异，或仕宦或居家之不同也由此而生。幸运的是他生于太平盛世，天子喜好学问，才疏力薄之人于世间无甚用处，权且在秘书省充当校勘之任。一个月出勤两次，因此得以保持了自己的懒散自在。）

懒散而于世无用——中国文人常常这样描述自己。士大夫身为官员不仅必须能力出众，还要将这种能力发挥出来贡献社会。但在文学中反而通过将自我定义为不谙世事的无用之人来颠覆世间的价值观，其中暗含了与世俗污浊相对抗的清高。白乐天所描述的自身形象，也和该无用者的谱系一脉相承。

不过在白乐天的口吻中，我们看不到与世俗价值观对峙并标榜自我境界的态度。世间乃世间，自我乃自我，有对比，但没有对世间的否定和憎恶。相反事物之间不存在对立，这是白乐天文学整体上的一个特征。诗中塑造出一个与世隔绝，对政治漠不关心的人物形象。

世间与自我的这种关系，以及独立共存非对立的存在方式之所以成为可能，也因为白乐天此时位居校书郎这一官职。虽然官阶低微且远离政治实务，但这个职位意味着将来势必成为高级官员。在白乐天的文学里没有尖锐的对立，洋溢着平和的满足感，其背后这种优越的外部条件不容忽视。

朴素而充实的日常

诗中继而对自己的日常生活做了具体描述。

> 茅屋四五间，一马二仆夫。
> 俸钱万六千，月给亦有余。
> 既无衣食牵，亦少人事拘。
> 遂使少年心，日日常晏如。
>
> （四五间茅草覆顶的房屋，一匹马，两个仆从。俸禄一万六千钱，每月花销还有剩余。不用担心生计，也无人际关系的烦恼。所以这个年轻人的心中，每天都平和安宁。）

白乐天后来也会将各个时期的居住环境写进诗里，早在南宋洪迈的《容斋随笔》中就曾指出这一点。俸给的具体数目也都有记录。然而诸如俸禄之类生活中的直白事实,其实并不能入诗,因为有悖于诗歌词汇所应有的典雅。但是白乐天总是把现实生活中的事物特地写进诗中,甚至包括数字这种难以引发诗意,属于诗歌词汇对立面的字词。传统的表达方式产生了巨大的变化,规范而典雅的词语组合遭到破坏,不符合传统诗歌标准的语汇混入诗中。有意识地打破文学传统,意图引发诗歌质变是中唐时期共有的特征,而白乐天是其中的典型,他频繁使用数字的倾向尤为突出。

白乐天通过数字记叙的生活绝非奢侈气派,甚至十分简朴。但他意图表达的不是清贫,而是朴素日常中的满足,这一点有异于传统的"贫穷文学"。不为外部条件所左右,追求内心充实,这是以陶渊明为代表的中国文人歌颂不迭屡见不鲜的主题。但那些作品描写的是一个定型化的诗人形象——被迫忍受贫穷而又不为所动,保持内心平和。诗作无关乎现实生活的经济状况,诗人在诗作中始终将自己置于清贫的处境。

然而白乐天本人再三言及,自己感受到的是对物质生活层面满足之上的安稳平和。他并未将自己定性为贫穷,而是歌颂超出预期的满足感。白乐天特有的安稳平和由此而生。开头十二句说到自己因优越的地位而与世无争,中间八句写由经济上的宽裕而深感自足。换而言之，这种满足感基于对俸禄足够生活的主观接受，而实际生活究竟如何并不是问题。他没有对既有条件心怀不满，内心坦然而平和，充满安稳之感。

与心气相投的友人度过闲静日常

勿言无知己，躁静各有徒。
兰台七八人，出处与之俱。
旬时阻谈笑，旦夕望轩车。
谁能雠校间，解带卧吾庐。
窗前有竹玩，门外有酒沽。
何以待君子，数竿对一壶。

（莫道无人了解我的心，开朗的人和文静的人，自会呼朋引类。秘书省的七八人，是公务闲暇都相偕出入的伙伴。十天不畅谈，就会朝夕期盼，驱车来访。校订书目的公务之余，来吾宅解开衣带小憩。窗边翠竹丛生，门外就有酒贩。若问以何物招待诸位君子，且看几竿翠竹和一壶美酒。）

诗篇在末尾描绘长乐里的安闲生活，和期待友人来访共享安闲的心情。抛开俗事的闲雅时光，应该与心气相通的友人分享，而不应在孤独中度过。白乐天毕生都在吟颂与友人共度的欢乐时光，这也是其文学的基调之一。年龄相仿地位相近的朋侪交游，无关利害，其间洋溢着知心伙伴亲密融洽的气氛。这种交游本身自古就有，而白乐天发现了其作为文学题材的价值并有意识地赋之以诗，更将其上升为一个主题。

"常乐里闲居"，长长的诗题里一一记录友人姓名，借此我们得知白乐天的交游圈为通过科举初入官场的年轻官员，或者是以此为目标的人。他们与白乐天、元稹一样没有门第做后盾，均属新兴阶层，这一共同特征乃交友的基础。

"传奇"文学的诞生地

朋友的聚会也是孕育新文学的摇篮。他们一边推杯换盏一边作诗酬和，赏玩四季之趣，正是在这样的环境里，诞生了中唐时期的新文学"传奇"。"传奇"即短篇小说。虽然称之为小说，但在体裁上仍然没有完全脱离记录事实的构造。唐代之前的六朝时代，出现了以不能入史的神异故事为题材，被称为

"志怪"的短篇小说。不过其中尚不具备堪称小说的描写，仅有记录粗略情节的片段。进入唐代之后志怪继续流行，而中唐时期兴盛的传奇则更接近于小说，篇幅扩充到了足以称为短篇小说的程度，叙述也变得细致。两者的区别不限于叙述和篇幅，志怪关注事件的神异性，传奇则以人物故事为中心，超自然事件退居其次，只能在情节框架中找到一些超自然的痕迹。

《枕中记》《任氏传》的作者沈既济、《南柯太守传》的作者李公佐等人是大历至贞元年间即中唐前期之人，到了元和初年，白乐天周围也有传奇名篇问世。首先是元稹的《莺莺传》。该作品据说是以元稹本人为原型，描写青年张生与崔莺莺的爱情故事。张生科举及第之后迎娶了名门之女，被抛弃的崔莺莺只好另嫁他人。或许是为了迎合民意，原作的恋爱悲剧后来被修改为破镜重圆，而且由金代的董氏改编为说唱文学诸宫调中的《董解元西厢记》，又经元代王实甫改编为《西厢记》。其次，白乐天的胞弟白行简创作了《李娃传》，描写的是进京赶考的青年迷恋青楼女子李娃，将赶考费用挥霍一空后沦为乞丐。一个偶然的机会两人重逢，青年在李娃物质和精神上的帮助下再次参加科举考试，终于金榜题名加官晋爵，故事情节跌宕起伏。此外还有下一章将提到的陈鸿《长恨歌传》，讲述玄宗与杨贵妃的爱情故事，与白乐天的《长恨歌》同时问世。

这些作品屡屡提到传奇创作基于朋友聚会上的话题，这是为了强调所述内容并非虚构而是基于事实，同时也显示出传奇生成于文人聚谈的雅席那样一个特殊的环境。

新兴阶级的年轻士人充当主力

在中唐前期传奇的代表作《枕中记》《任氏传》《南柯太守传》中，虽说奇异性无非体现在故事框架中而已，但是它依然存在，而白乐天周围人士创作的《莺莺传》《李娃传》中则毫无奇异性的痕迹。作品讲述赶考青年与女子的爱情故事，恋爱本身成为文学主题，这对于中国古典文学来说实属新颖。这一时期出现的几部传奇作品，正如《莺莺传》那样，后来都被以其他体裁的文学形式重新编写。传奇本身是新的文学形式，也成为后来诸多文学形式的源泉。创造传奇小说的，正是新兴阶级的年轻士人。

第三节

唱出《长恨歌》

赴任盩厔县——《长恨歌》的诞生地

让我们的话题回到白乐天。他在宪宗的任用考试中合格之后获封盩厔（治今陕西周至）县尉。盩厔县位于长安以西直线距离仅七十公里处。唐代的县分为七个等级，盩厔县为第二等的畿县。县尉虽是中央派任官员中的最低一级，但枢要大县的县尉绝非等闲之职。这一官职不仅能够体验全套行政业务，也是精英官僚最初的台阶。白居易上任未满一年便被召回朝廷。

说到盩厔县，马嵬坡就位于其东北方向二十公里处。杨贵妃在此处香消玉殒，正好是在白居易赴任盩厔的元和元年

（806）前五十年，即天宝十五载（756，该时期以"载"代"年"）六月的事情。由于距马嵬坡较近，所以关于杨贵妃之死，在盩厔县应该有多种形式的说法流传下来，白乐天的代表作之一《长恨歌》就创作于此地。

在赴任的同年十二月，白乐天、陈鸿、王质夫三人相约盩厔县仙游寺。关于陈鸿和王质夫我们知之甚少，约莫是为欢迎都城派任的新官白乐天而举办雅会的当地名士。席间说到玄宗与杨贵妃，白乐天便结合邻近马嵬坡的当地所特有的传说，以《长恨歌》为题写下长诗一篇，陈鸿则用散文形式写就《长恨歌传》。

适当的时间间隔

除了盩厔县这个地理条件之外，五十年这个时间间隔也为《长恨歌》的诞生提供了恰当的条件。半个世纪的时光，正好将事件置于事实的鲜活与传说面纱背后的影影绰绰之间。安史之乱作为尚未远去的历史事件存留于人们的记忆之中，当时遭受的苦难，无论是亲身体验还是来自长辈的回忆，都还是身边的事情。玄宗与杨贵妃在战乱的旋涡之中生死两别，也象征性地反映了人们所经历的苦难。从这一点上来说，天子与庶民苦难相连。与此同时，原本与世隔绝的宫闱秘事注定会引发人们的兴趣。玄宗与杨贵妃的故事，同时具备了上述两个特点，这也是该故事深受欢迎的原因之一。

恋爱文学的新意

虽说如此，《长恨歌》仅前半部分基于史实，杨贵妃死后玄宗派道士去仙界寻找贵妃的那后半部分，均属虚构情节。至少在目前看来，虚构的情节在《长恨歌》之前并未被发现，应为白乐天所独创，当然或许存在其借以参考的传说。清代赵翼在《瓯北诗话》中曾断言道士游仙界为"俚俗传闻"，但无论出自何处，从前半部分基于史实的助滑，到后半部分虚构的腾跃，白乐天以这种结构创作出一篇事实与想象相互交替的戏剧性叙事诗。此后玄宗杨贵妃的故事，不只局限于诗歌，而且扩展到小说、戏曲等多种形式之中，被长久地吟诵和流传。最初将其文字化的，就是白乐天的《长恨歌》。

中国文学中恋爱的因素十分稀少，恪守儒家理念的士大夫，其文学与爱情并不相亲相融。《长恨歌》从正面描写男女爱情及其悲剧，是不折不扣的恋爱文学作品。就拿前文所述创作于白乐天周边的传奇来说，其新意之一就在于屡屡以恋爱作为主题。尽管白乐天本人没有涉足传奇，但从这一点来看，《长恨歌》与传奇具有相通之处。陈鸿的《长恨歌传》作为《长恨歌》的副产品，也可以看作独立于《长恨歌》的传奇作品。

寻求美色

长达一百二十句的《长恨歌》，从皇帝寻求美色并觅得杨家闺秀的场景写起。

> 汉皇重色思倾国，御宇多年求不得。
> 杨家有女初长成，养在深闺人未识。
> 天生丽质难自弃，一朝选在君王侧。
> 回眸一笑百媚生，六宫粉黛无颜色。
> （汉朝皇帝崇尚女色，盼望得到倾城倾国的美女，治世多年都未能如愿。而杨家有位刚刚成人的女儿，深

藏闺阁，无人知晓。

天生的美貌难以被埋没，一日突然被选送到君王身边。回头一笑，顿生千般妩媚，令面前众多的后宫美女黯然失色，虽有若无。）

与汉武帝李夫人的故事重叠

说到"汉皇"——汉朝皇帝，在汉朝诸多皇帝当中，人们首先会想到武帝。自汉高祖刘邦之后大约一百年，时值西汉王朝的中间阶段，帝国内部实力充足，对外领土扩张，而为汉室带来如此鼎盛的，正是武帝刘彻（前156—前87）。武帝奠定了后来中国的基本版图，被后世尊为王中之王，六朝志怪中还出现了几部以武帝为主人公的作品。

《长恨歌》虽然以"汉皇"为主人公，但实际上所指乃唐玄宗李隆基（685—762），这一点显而易见。在诗中可以看到多处借汉武帝来叙述玄宗的痕迹，其实玄宗与杨贵妃的关系是和汉武帝与李夫人的关系叠加在一起讲述出来的。李夫人病逝之后，汉武帝难以忘怀，欲请方士少翁招李夫人的魂魄。隔着幕帘朦胧所见的身影，看似李夫人却非李夫人。

武帝愈发愤懑，于是写诗作赋（《汉书·李夫人传》）。皇帝失去无比宠爱的妃子，欲借方士的法术与故人再次相见，这一结构被《长恨歌》原原本本地继承下来。玄宗杨贵妃的故事以汉武帝李夫人的关系为模板，或许是《长恨歌》广受欢迎的理由之一吧。深受人们喜爱的故事传说，都应该具有堪称故事原型的核心部分，在共享故事原型的同时，将时代与人物代换并传承下去。

讲述玄宗的故事却不点明，究其原因，是因为内容涉及皇帝私情而对皇室有所顾忌，这种解释延续至今。然而其中的差别，在陈鸿于《长恨歌传》开头直接道出"玄宗"之称就已显露无遗。《长恨歌》称"汉皇"，显示出诗歌与散文在表达方式上的差异。在唐诗中用汉王朝替代唐朝的现象十分普遍，诗歌不是对现实的直叙，而是歌颂与之保持距离的另一世界，借此方法，可以增添直接叙述所不能表达的延展部分和阴影层次。小川环树曾以王昌龄《出塞》诗开头的"秦时明月汉时关"一句为例，指出如果把"秦"换为"隋"，"汉"改为"唐"，那么"这首诗的魅力就会减半"（《唐诗概说》，岩波文库，第35页）。另一方面，散文《长恨歌传》与诗正相反，它如实记录现实中发生的事件。描写一件事，诗会远离事实，文则会贴近，有相反的力作用于此。

单纯化与美化——浪漫传说的成立

诗中进而描述，经过多年寻觅，皇帝最终找到了长在幽闺、刚刚成人的杨贵妃。这种写法，似乎对于玄宗和杨贵妃双方来说，二人都是彼此最初的异性，当然事实并非如此。玄宗在得到杨贵妃之前，光册封为皇后的女子就有王氏、武氏、杨氏三位，而后宫总共有多少宫女侍奉不得而知。另一方面，杨贵妃也不是闺阁千金，而是玄宗的皇子之一寿王的妻子。也就是说，玄宗抢了自己亲生儿子的老婆。陈鸿《长恨歌传》倒是对在寿王宅邸寻得杨贵妃的事实做了确凿记录："诏高力士潜搜外宫，得弘农杨玄琰女于寿邸。"

《长恨歌》与事实不符的描述，与其说是为了回避，不如说是刻意美化故事。诗人为了将玄宗与杨贵妃的爱情故事描绘得更加美丽动人，干脆去掉了让儿媳离开儿子进入道观做女道士再充后宫等一系列冗杂的手续。通过单纯化与美化，一对男女的浪漫传说就此诞生。

《源氏物语》与《长恨歌》

我们经常可以看到关于《源氏物语》与《长恨歌》之间存在关联的讨论。确实,《长恨歌》在《源氏物语》中留下了不少影子,但二文整体结构迥然相异这一点也不容忽视。《源氏物语》描述主人公光源氏与众多魅力十足的女性交往,而《长恨歌》仅限于玄宗与杨贵妃一对男女之间的纯爱,它们分别代表了两种不同风格的爱情主题文学。白乐天为了塑造一个纯爱故事,别具匠心地对基于史实的前半部分也做了多处改造。

对美女的描写手法

白乐天究竟如何描写杨贵妃的美丽呢?对于美女的描写以《文选》"情"赋所收宋玉《登徒子好色赋》、曹植《洛神赋》为首,在以前的文学中已有无数常见的表现手法,但那些都是针对女子身体的某一部位分别进行描述,相比之下,白乐天的新意在于关注表情动作,而非外表容貌。前文引用部分,就写到回头一笑那个瞬间的妩媚。不过虽说写出了充满诱惑力的动作和表情，但也只是类型化的魅力，对杨贵妃这一特定的女性形象，白乐天描写其心理活动的笔触，在前半部分十分克制。

著名的入浴场景

接下来让我们关注尤为著名的贵妃入浴的场景。

> 春寒赐浴华清池，温泉水滑洗凝脂。
> 侍儿扶起娇无力，始是新承恩泽时。
>
> （春意尚浅，皇帝赐汤浴于华清池。柔滑的温泉水，淋落在光洁白皙的肌肤上。正感到娇弱无力，就被近旁的侍女搀扶起。这是她承蒙皇帝宠幸的开始。）

华清宫位于长安东北方向三十公里外的骊山脚下，是玄宗为了避寒而每年冬天造访的行宫。玄宗与杨贵妃的欢娱就以此处为舞台。在中国温泉并不多见，而此地至今仍有泉水涌出，不是万乘之尊也可以享用。

两人在结合之前应该举行过盛大的迎娶仪式，而《长恨歌》将其省略，把玄宗与杨贵妃最初的男欢女爱设定在入浴的场景中。沐浴在当时生活中普及到何种程度我们不得而知，至少在此之前的诗中不曾出现。就连为了表现女子的媚态而描写睡姿的南朝宫体诗中，也没有描写入浴的先例。中国古典诗中这一崭新而又大胆的场景，后来也被作为绘画的题材传承下来。

欢乐的日子

以下诗句描写了玄宗与杨贵妃日复一日寻欢作乐的情形：

云鬓花颜金步摇，芙蓉帐暖度春宵。

春宵苦短日高起，从此君王不早朝。

承欢侍宴无闲暇，春从春游夜专夜。

后宫佳丽三千人，三千宠爱在一身。

金屋妆成娇侍夜，玉楼宴罢醉和春。

姊妹弟兄皆列土，可怜光彩生门户。

遂令天下父母心，不重生男重生女。

骊宫高处入青云，仙乐风飘处处闻。

缓歌慢舞凝丝竹，尽日君王看不足。

（如云朵般高高盘起的秀发，如鲜花般的容颜，走一步摇一摇的金簪。绣着芙蓉的帐幔舒适温暖，二人就在那里度过春天的夜晚。春宵太短，起床时日头已经高照，从此以后，天子不再出席早朝。

　　皇帝的陪伴，宴会的陪席，贵妃忙得不可开交。在春天就跟随着玄宗春游，夜晚则独占玄宗的枕头。后宫佳丽多达三千，对三千人的宠爱都集中在这一人身上。

　　在黄阁装扮美艳后侍寝，在玉台的宴饮结束后，尽情感受要与春天交融合一的醉意。兄弟姐妹都蒙赐封地，满门享受炫目的荣华。由此世间将为人父母者，不再期待男婴诞生，而是盼望女孩出生。

　　高耸于骊山的行宫直上青云，仙界的音乐随风飘荡。舒缓的歌声，婀娜的舞姿，再配上悠长的丝竹管弦声。帝王尽情欣赏，终日不倦。）

安史之乱

　　但是这种幸福时光并没有永久地持续下去，它因为安禄山率军叛乱直逼京城而被打断。安禄山是出生于中国东北地区的混血儿，在军队里步步高升。他因在多个部族混居地区成长，通晓多种语言而受到重用，不仅如此，他还具备不同寻常的才智与野心，甚至身兼三个节度使。但是野心的终点——宰相之位，被与杨贵妃有血缘关系的杨国忠抢走。宰相之梦破灭的安禄山于天宝十四载（755）在范阳（治今北京附近）起兵叛乱。叛军向西推进，天宝十五载（756）攻陷长安。开元天宝这一唐代最为强盛开放的时代，因安史之乱而落下帷幕。战乱不仅殃及百姓，连皇帝也被卷入其中。

玄宗落难

玄宗离开长安的宫殿，移驾前往蜀地（治今四川成都）。途中经过马嵬坡，为了安抚禁军的不稳情绪，不得已而赐死杨贵妃。失去贵妃的玄宗怀着悲伤抵达蜀国。从叛乱爆发到前往蜀国避难的过程，诗中做了如下描述：

渔阳鼙鼓动地来，惊破霓裳羽衣曲。
九重城阙烟尘生，千乘万骑西南行。
翠华摇摇行复止，西出都门百余里。

六军不发无奈何，宛转蛾眉马前死。

花钿委地无人收，翠翘金雀玉搔头。

君王掩面救不得，回看血泪相和流。

黄埃散漫风萧索，云栈萦纡登剑阁。

峨嵋山下少人行，旌旗无光日色薄。

蜀江水碧蜀山青，圣主朝朝暮暮情。

行宫见月伤心色，夜雨闻铃肠断声。

（渔阳的军乐伴随着大地的震动袭来，打破了优雅的《霓裳羽衣曲》。九重深宫烟尘四起，在上千辆马车与数万骑兵的护卫下，皇帝朝着西南方向的蜀国出发。

装饰着翡翠的旌旗低垂着，停停歇歇，出了城门往西才走了百余里地，禁卫军就在此止步，无论如何都不肯进发了。就这样，蛾眉细长的美人在马前无助地死去。花钿掉在地上无人拾起，还有四处散落的翡翠发饰、金雀簪、白玉簪。帝王只能遮住脸却无法救助，回头再看已是泪中带血。

黄尘弥漫，悲风呼啸。沿着直入云端的栈桥，曲曲折折地攀登剑阁山。峨眉山下行人稀少，标志天子身份的旗帜失去了光彩，日光也变得黯淡。

蜀地河水碧绿，蜀国山色青青。天子止不住朝夕思念。在行宫看到月亮，就想起曾经一同赏月而伤心不已；听到雨夜的铃声，就恍然觉得贵妃到访，发出断肠悲声。）

散落的发饰

关于安禄山的军队迫近京城的描写，也显示出作者在遣词上的用心。他没有直接叙述事态发展，而是借两种乐曲的胜负较量来传递信息。不写安禄山起兵之地范阳，而以近旁的渔阳取代，是为了让读者联想到著名的鼓曲《渔阳掺挝》，那是一首用鼓击奏的雄壮乐曲。而这里的《霓裳羽衣曲》，则是玄宗宫廷的代表曲目，据说是传自西域，由玄宗本人填词，另有一种说法是玄宗登临月宫观赏到仙子的歌舞，悄悄记了下来。总之，那是一首象征大唐盛世，节奏悠缓的曲子。作者通过优雅的宫廷乐曲被急促的军乐遮盖来表达京城失守。借助这种婉转的说法，《长恨歌》以七言诗流畅的节奏，连绵自如地展开故事情节。

杨贵妃之死可谓全诗前半部分的高潮，也没有破坏诗歌的整体气氛，随着情节发展轻松带过。诗人没有直接描写贵妃的遗骸，只写了地面上丢弃的首饰，让人联想和回味凄美的画面。

失去杨贵妃的悲痛

长安落入叛军手中的翌年至德二载（757），安禄山被其子安庆绪杀害，随后朝廷军占据优势，于九月收复长安。但是玄宗之子肃宗已在灵武（治今宁夏灵武）的行宫（临时皇宫）登基，玄宗失去了皇位。全诗至此为前半部分。后半部分描写玄宗从蜀国返回长安，沉浸在失去杨贵妃的悲痛之中。

> 天旋地转回龙驭，到此踌躇不能去。
> 马嵬坡下泥土中，不见玉颜空死处。
> 君臣相顾尽沾衣，东望都门信马归。
> 归来池苑皆依旧，太液芙蓉未央柳。
> 芙蓉如面柳如眉，对此如何不泪垂。
> 春风桃李花开夜，秋雨梧桐叶落时。
> 西宫南苑多秋草，落叶满阶红不扫。

梨园弟子白发新,椒房阿监青娥老。

夕殿萤飞思悄然,孤灯挑尽未成眠。

迟迟钟鼓初长夜,耿耿星河欲曙天。

鸳鸯瓦冷霜华重,翡翠衾寒谁与共。

悠悠生死别经年,魂魄不曾来入梦。

(日转天回,御驾得以重返都城。来到此地,恋恋不舍不忍离去。马嵬坡下,泥土之中,昔日如玉容颜已经不再,只有夺去贵妃性命的地点空空落落。君臣相望泪水涟涟,遥望东边的都门,任由马儿往回走。

归来再看,太液池和御苑依旧如故。太液池中的芙蓉花、未央宫的柳树都不曾改变。芙蓉花恰似故人的面容,柳枝正如故人的黛眉。看到此景泪水长流,止也止不住。

无论是迎着春风桃李花开的夜晚,还是淋着秋雨梧桐叶落的时节,西边的殿阁、南边的御苑都秋草丛生。铺满台阶的红叶也无人清扫。梨园的乐人增添的只有白发,掌管妃子椒房的女官描画的黛眉带着苍老。

傍晚宫殿的流萤令人悲戚,孤寂的灯火挑了再挑,灯芯挑尽也了无睡意。秋夜里报时的钟鼓声迟迟不闻,天色将晓,空中银河璀璨。鸳鸯瓦当冰冷,霜花重重。

点缀着翡翠的被子寒意习习，无人同衾而眠。

生死相隔，物换星移，而贵妃的魂魄始终未曾入梦。）

前后对比的构造

诗人饱含伤感地描写玄宗置身空无伊人的宫殿，沉浸在悲痛中，其笔触别具匠心。《长恨歌》的整体结构恰似将一张纸对折，以移驾蜀地为转折点，前半部分与后半部分在细节上都形成对比。例如季节，前半部分以春天的宫殿为舞台，后半部分则设定为秋天。无须赘言，春秋两季分别代表喜与悲。诗的前半部分，在春天的宫中感叹夜晚太短，不足以享乐；后半部分，秋天的夜晚则变成无眠的难熬时间。秋天的长夜，在闺怨诗中是女子独守空闺的时间；而秋天的宫殿，则是表达失宠宫女悲哀的地点，是宫怨诗约定俗成的场所。颇为讽刺的是，这些时间与地点在此反而被用于表现失去爱妃的君王的悲伤。

这种讽刺性的表达也出现在一些细节上。

西宫南苑多秋草，落叶满阶红不扫。

用表示大量和丰饶的词"多"和"满"描述秋草与落叶，代表生命枯竭的东西大量存在。接下来的两句亦是如此。

梨园弟子白发新，椒房阿监青娥老。

"新"的是标志衰老的"白发"；按理说"青"让人联想青春年少，但勾画的"青"眉已经"老"去。年老与年少硬生生地组合在一起。

派道士搜寻杨贵妃

如此深陷悲伤的玄宗，像汉武帝曾令道士招李夫人的魂一样，派道士搜寻杨贵妃。

临邛道士鸿都客，能以精诚致魂魄。
为感君王辗转思，遂教方士殷勤觅。
排空驭气奔如电，升天入地求之遍。
上穷碧落下黄泉，两处茫茫皆不见。

忽闻海上有仙山，山在虚无缥渺间。

楼阁玲珑五云起，其中绰约多仙子。

中有一人字太真，雪肤花貌参差是。

金阙西厢叩玉扃，转教小玉报双成。

闻道汉家天子使，九华帐里梦魂惊。

揽衣推枕起徘徊，珠箔银屏迤逦开。

云鬓半偏新睡觉，花冠不整下堂来。

风吹仙袂飘飘举，犹似霓裳羽衣舞。

玉容寂寞泪阑干，梨花一枝春带雨。

含情凝睇谢君王，一别音容两渺茫。

昭阳殿里恩爱绝，蓬莱宫中日月长。

回头下望人寰处，不见长安见尘雾。

惟将旧物表深情，钿合金钗寄将去。

钗留一股合一扇，钗擘黄金合分钿。

但令心似金钿坚，天上人间会相见。

（当时临邛道士人在都城，此人能够凝聚精神唤回死者的魂魄。为了因思念贵妃而夜夜无眠的皇帝，召此道士前来仔细搜寻。

冲破天空，驾驭大气，像闪电般飞驰，上天入地搜遍各个角落。上达苍穹之外，下至黄泉之国，到处都无限广阔，看不到贵妃的身影。

忽然听闻海上仙山的消息，据说此山在茫茫虚空之间。白玉般光辉闪耀的楼阁，滚滚翻涌的五色祥云，其中有众多身姿绰约的仙女。

有一人名叫玉真，肌肤如雪，容貌似花，确实就是伊人。

金阙户中西厢房，道士轻叩玉扉，小玉来接应再转告双成。

听说汉家天子的使者来访，贵妃在点缀花朵的幔帐中惊醒。拿起衣服推开枕头，站起身却又徘徊不定。珍珠帘银屏风依次展开。

如云秀发尚有些许凌乱，一副刚刚睡醒的样子，花冠未整就从厅堂下来。仙女的衣袖被风吹得飘举轻盈，恰似跳《霓裳羽衣舞》的样子。

如玉般的容颜，神情寂寞，泪眼婆娑，就像迷蒙春雨中的一枝梨花。她含情凝视着道士，向汉帝呈禀谢词。

"自从分别之后，您的音容都变得遥远而模糊。

"昭阳殿里蒙受的恩爱已经断绝，蓬莱宫中度过的岁月十分久远。回头俯瞰人世间,不见长安,只见烟尘漫漫。

"只能用令人怀念的物品,表达我的思慕之情。螺钿盒中黄金簪,请把此物带回人间。两股的发簪劈成两根,螺钿盒分成盖子与盒身,各自手边留下一半。

"只要两人的心意如同黄金和螺钿般坚硬,无论在天上还是人间,总有一天会见面。")

形成对比的杨贵妃形象

道士颇费一番功夫,终于在浮于东海的仙山上找到了近似杨贵妃的人物。已经变成仙女的杨贵妃对使者的突然来访感到吃惊和慌乱,继而向玄宗表示谢意。为了证明自己就是杨贵妃,作为信物,她拿出玄宗先前所赐的物品,即"钿盒"与"金钗",将它们各自一分为二托付给道士。如今已是仙界之人的杨贵妃,无法亲自回到下界,只好请道士向玄宗转达自己的心意。

诚如前述,《长恨歌》以从蜀地返回长安为界限形成前后相互对比的两部分。从故事情节发展来看,前半部分玄宗寻求美女，找到杨家少女共度欢乐时光，却与她在马嵬坡生死两隔。后半部分讲述道士搜遍阴阳两界，虽在仙界找到杨贵妃却不能带回。两个部分情节都可以归纳为：搜寻—得到—丧失。

诗中的比喻也有逆转。前半部分骊山华清宫中演奏的《霓裳羽衣曲》被比作仙界音乐，而后半部分真正的仙界音乐则被比喻为曾在宫中演奏的《霓裳羽衣曲》。物品的赠受关系也发生了逆转。玄宗赠给杨贵妃的"钿盒""金钗"在后半部分又被还给玄宗。这样在细节上的对比结构，很明显出自作者白乐天的巧思匠心。

尤其需要特别强调的对比是杨贵妃的形象。前半部分杨贵妃始终一言不发，感情从未外露，仿佛一个没有思维和意志的人偶一般，是一味接受玄宗宠爱的女性。然而后半部分的杨贵妃，一经道士询问，便显露出因为道士突然来访而波动的内心，继而从她自己口中倾诉出对玄宗的恩爱之情。死后的杨贵妃反而显得生动鲜活，有血有肉。前半部分与后半部分分别描绘出带有对比性的两个杨贵妃，对这个恋爱故事具有重要意义。在前半部分只不过是一个蒙受天子宠爱的后宫女子杨贵妃，通过在后半部分诉说对玄宗的爱意，这才完成一个男女双方彼此爱恋的故事。

爱的誓言

但是，两人的爱情最后以永别而告终。杨贵妃在把证明身份的信物托付给道士之后，还向道士说出了只有她和玄宗两人才知晓的私语。

> 临别殷勤重寄词，词中有誓两心知。
> 七月七日长生殿，夜半无人私语时。
> 在天愿作比翼鸟，在地愿为连理枝。
>
> （临别时再满怀深情地加上几句嘱咐。那嘱咐中包含只有他们两人才知晓的誓言。
>
> "那是七月七日，在长生殿，四处无人，夜半时分的悄声细语：'在天上做比翼鸟，在地上做连理枝，永远都不分离。'"）

可以说，诗人在此写下这两句誓言，便让玄宗与杨贵妃的恋爱上升为具有普遍意义的爱情故事。由于杨贵妃的死而造成玄宗与杨贵妃永别,实际上是安史之乱引起的战祸的结果。两人在还没有关于此事的任何征兆,一切都无比美满的幸福巅峰,就已经知晓终究会因死亡这一凡人的宿命而永别的结果。牛郎织女一年只在七月七日夜晚相见一次,这一天夜里,在带有祈求永生含义的名为长生殿的宫殿里,玄宗与杨贵妃互相发誓,永远地爱和永远地结合。尽管他们明白,那是作为凡人绝无可能实现的愿望。

永远的爱

《长恨歌》至此都是以缠绵而流畅的口吻娓娓道来,在末尾则用慷慨激昂的两句结束全诗。

天长地久有时尽,此恨绵绵无绝期。
(永远的天空,恒久的大地,终究会迎来消亡时刻。但是这份悲伤会永远持续下去,绵绵不断。)

比天地之悠久更为"长久"的是"此恨",至此作者点明了诗题《长恨歌》的含义。"此恨"的遗憾表达的正是渴望永远相伴但无法实现的悲伤心情。因此,《长恨歌》唱出了因为死亡之必然而不可能完满的爱之宿命。这种"恨",比有形存在之中拥有最长寿命的天地更加持久。白乐天歌颂的是因死亡而不得不分离的悲伤,离别的悲伤正是因为有爱才生发的情绪,反而言之,爱是超越有形存在物的恒久存续。既如此,《长恨歌》就是一首表达爱之永恒的高亢的赞歌。

第二章 流行诗人的登场——新文学的旗手

第一节

风靡一时

最早的流行诗人

白乐天作为一名官员拥有幸运的开端,仿佛如约而至一般,他的文学也迎来了春天,而且是作为一举成名轰轰烈烈的流行诗人登上文坛。可以说白乐天才是中国文学历史上最早的流行诗人。白乐天的诗超越了士大夫、庶民、女子、儿童都交口传颂。从流行的地域来说,不仅普及到了中国的每个角落,还在同时期内流传到遥远的朝鲜和日本。从阶级的跨度、地域的广度各方面来说,都是自古以来从未出现过的流行态势。

白乐天作品的流传和受欢迎程度,都被他详细记录在写给元稹的信中（《与元九书》）。信中写道，他为科举应试作为模拟答案而准备的赋和判（审判判决书）在考生中大受欢迎。从礼部主持的进士科、吏部主办的书判拔萃科，到宪宗主持的特殊考核——制科，接连通过这三门考试一跃踏入官场的白乐天，尽管出身寒门却在短时间内就走上前程光辉的仕途，对于希望通过科举获取官位的人们来说，他就是憧憬的对象。

作为科举的成功者

科举及第者本来就是广受世人瞩目的存在。每年在长安东南隅的曲江园，都会由天子为考中的学子们主办盛大的庆祝会。据说那是让长安城万人空巷观众云集的盛事，也是大家闺秀挑选夫婿的良机。以前官场主要被名门子弟占据，到了中唐，通过科举进入朝堂的人逐渐增多。有家世背景的人期待与科举及第者缔结姻亲，这对门阀阶级和新兴阶级来说，都是巩固地位的手段。

礼部与吏部的考试基本每年举行，但制科较少，因此连续通过三个考试的情况十分罕见。偶然遇上八司马（八名政治犯）外放、宪宗举行专项考核的时机，对白乐天来说实属侥幸。从白乐天在信中写到的应试文体广受欢迎这一点可以看出，科举成功者的名声是其诗作流行的契机。在同一封信里，白乐天自己说道："十年中三次登第，名声广为人知，踏上高官的仕途。"登第任官的同时文名鹊起，这并非偶然，两者具有相互关联的必然性。

广受欢迎的作品

白乐天作为科举应试界宠儿的知名度，成为人们阅读他应试文体之外作品的契机。通过来自他人的传言和亲身经历可说明他诗作受欢迎的程度。例如军人高霞寓要请一位歌妓，那位歌妓提高了酬金，是因为"我能唱白学士的《长恨歌》"，可见《长恨歌》在歌妓中十分流行。元稹行抵通州（治今四川达州）时，发现客舍墙上题写着白乐天的诗。在未曾预料的地方看到朋友的诗作，令元稹颇为惊喜，就告诉了白乐天。由此可知，他的作品传播到了远离都城的地方。白乐天途经荆州（治今湖北江陵）时，当地的妓女一看到他，就交头私语道，"那位就是《秦中吟》《长恨歌》的作者"。从长安到江西的三四千里路途，学校、寺院、旅馆、舟中等处，都题写着白乐天的诗，从士大夫到平民、僧侣、寡妇，甚至连小姑娘都吟诵着他的作品……

这封记录作品流行情况的书函，是白乐天作为宪宗手下的新进官僚，在开始仕宦生涯十年之后的元和十年（815）左迁江州时期，向元稹阐述自己对于文学的见解时所写。白乐天记录下自己作品广受欢迎的现象，也表明他有足够资格跻身历代文学大家之列。

元稹在通州客舍墙壁上看到的绝句，只有被白乐天将此事写进诗作《微之到通州日》而记入诗题的后两句流传下来。

绿水红莲一朵开，千花百草无颜色。

（清澈水面上红色的莲花，待那一朵开放，所有的花草都会黯然失色。）

诗名雷动

与上述诗句十分相似的措辞在《长恨歌》中也可以看到。

有著名的一联，写杨贵妃入宫之后，其他宫女们都显得黯淡无色。

　　回眸一笑百媚生，六官粉黛无颜色

　　尽管思路相同，但元稹在通州看到的，是白乐天刚刚考中科举时赠给长安一位名叫阿软的妓女的诗，也许不过是在庆祝金榜题名的宴席上，当场写给一个陪酒妓女，即兴创作的轻佻艳诗而已。用莲花与百花做对比来赞美阿软出众姿色的句子，虽然浅显易懂却也无须特地强调。白乐天本人也没有将此诗收入文集，这是一首应属于那种逢场作戏，过后就被忘记的作品。这样的诗能从长安流传到边远僻地，究其原因，或许相比作品本身的魅力，更多的是借于白乐天名声的影响力。妓女见到声名显赫的诗人而交头接耳的动作，令人想到人们目睹名人时的躁动。

诗会变成商品！

　　元稹在《白氏长庆集》卷首的"序"中，对白诗的流行做了详细描述：

这二十年来，宫廷、官府、道观、寺院、驿站，所到之处都可见题于墙壁上的白乐天诗。上自王侯贵族，下至车夫马丁，无不口口相传。或誊写或刻印，或在市场上叫卖，或用以交换酒茶，处处皆有。其中也夹杂着赝作，混乱无章不可收拾。在村塾，元稹、白乐天的诗被用作教材，朝鲜商人为了将其卖给宰相而特地求购。自《诗经》以来，流传之广尚无他例。

除了当事人白乐天和元稹，也有他人记录。明代胡震亨所引《丰年录》为唐代书籍，其完本已经佚失，但可以看到开成年间（836--840）用鱼和肉交换白乐天诗的买卖记录（《唐音癸签》第二十五卷）。正如元稹所写，与酒茶相易，可见白诗是作为商品而流通的。无论是酒茶还是鱼肉，用以代替货币交换日用品，都说明当时市面上存在大量实物。在诗中特意记下这个细节，是因为诗被拿来在市场上买卖并不寻常。

晚唐段成式（约803—863）《酉阳杂俎》（卷八"鲸"）中曾记载一个男子用文把白乐天的诗词文满全身，据说文了多达三十多首诗和表现诗意的画，该男子被人们称为"白舍人（舍人是对官员的尊称）行诗图"。

白诗的流行从白乐天任官伊始一直持续到晚唐。他本人的记录大约涵盖了从元和初年起的十年间，元稹则回顾了风靡二十年的情形，而《丰年录》《酉阳杂俎》则记录了更晚时期的状况。至少整个九世纪前半期，社会上都保持着对白诗的狂热。

社会现象化的狂热

白乐天诗词的流行，甚至变成一种社会现象。关于白诗的记录，不是它作为文学有何影响，而是它作为物品、作为商品如何受到推崇。那位会背诵《长恨歌》的妓女，背诵白诗成为她的附加价值，全身刻满白诗的男人以文身为傲。白乐天的诗词确实渗透到了社会的每个角落，但从这里我们能看到的只是表面上的影响。所谓世间的流行，或许本该如此。当人人争先恐后寻求白诗的风气出现之后，这种风气又会引发新的狂热并扩散开来。尽管白乐天诗词传入朝鲜和日本应该归功于留学生等知识分子，有别于中国普通百姓的接受方式，但这恰恰说明文化先进地区如此轰轰烈烈盛行的事实成为作品引进的契机。

通俗作品与爱情诗

让我们看看到底是什么样的作品深受人们的称赞和喜爱。关于对当时流行状况的记录，我们可以举出《秦中吟》《长恨歌》，赠予阿软的情诗，被文在身上的《菊花》，《泛太湖书事寄微之》等。其中《菊花》实为元稹的作品，所以读者甚至连是元稹还是白乐天的诗都没有分清。《秦中吟》《长恨歌》被看作白乐天的代表作，但这两首诗都极具大众性。白诗的流行甚至达到出现伪作的程度，只要说是白乐天的诗，世人就会趋之若鹜，但从诗作标题来看，主要还是通俗性的作品和情诗受到青睐。

原因在于直白上口

说到文学作品的流行，在白乐天之前，曾有以掌故"洛阳纸贵"而出名的左思（250？—305？）的例子。左思倾注十年心血的大作《三都赋》一直未受瞩目，他意识到这是因为自己名气不足，于是请名士皇甫谧写了序，再经张载、刘达、卫权等人作注，随后《三都赋》俄而声名鹊起，都城之人争相传抄，为此洛阳的纸张价钱都涨高了（《晋书·文苑传》）。类似的状况，在左思五十年之后的东晋庾仲初（阐）作《扬都赋》后也曾出现。该赋一经同族名士庾亮赞赏，都城人人传抄不迭，也引发了纸价上扬（《世说新语·文学篇》）。这两则掌故说的都是经名人赞赏和推荐之后作品突然名声大振。而白乐天的作品，未经著名人士认可便流行开来。而且左思与庾阐的作品当时的流行都在都城范围内，诚如"豪贵之家，竞相传写"（左思）所述，只限于上流阶级。而白诗的流行，在地域和阶级方面都扩展到了空前的范围。

左思的赋不仅由名士作序而且是在加注之后才受到瞩目，这一点也颇具启发性。要为广大读者所接受，就必须明了易懂。白乐天诗的急速流行，除了其本人作为应试举子取得科举成功这个外在原因，更大程度应归功于其作品中文字的平易。

尝试摆脱规范

唐朝之前的六朝时代，文学被少数显贵所垄断，因此修辞被提炼到了极致。文学在牢固的传统框架中，朝着越来越考究和僵化的方向发展。面对以古典文学素养创作的作品，徒手空拳是无法接近的。如此极尽修辞之工的文学，到了唐代，其读者群范围大为拓展，文字也同时变得浅显易读。白乐天的作品急剧推动了这一倾向。

到了中唐时期，以往的文学传统发生了巨大变化。在盛唐成熟并具备了规范的文学，开始全方位寻求摆脱规范。当时尤为大胆的推进者是韩愈（768—824）与白乐天。韩愈的革新偏向于文学表达的奇特性，特意新造出一些在传统诗歌中不曾使用过的词汇和生硬晦涩的说法。白乐天似乎有意与韩愈的做法背道而驰，一味追求平易。同样是摆脱规范且有志于迄今没有的表达方式，但是方向正相反。韩愈的表达方式吸引了年轻文人，而白乐天的表达方式则为大众所接受。关于白乐天的表达方式的平易程度，北宋僧人惠洪（1071—1128）的《冷斋夜话》里记录有下面一则逸闻：

白乐天每次写诗的时候，总让一位老妇人先读。询问是否明白，如果妇人说明白他就把诗写下来，如果说不明白，他就继续修改。随着这种风气流行，唐朝末年的诗变得低劣庸俗。

逸闻的真伪姑且不论，单从这个逸闻便可得知文字平易是白乐天本人有意追求的东西，而且这里也指出白乐天的作品因其通俗平易的风格而广泛传播。"唐末诗词，近鄙俚"——平易中伴随着卑俗，这一点将在下一章讨论。

自由、直接

关于文字的平易，白乐天的特点在于不受传统习惯性表达的束缚，而是自由直接地表述想传达的内容。关于白乐天的文学，有评论以"浅切"二字来总结（见下一节）。尽管"浅切"带有批判的意味，但确实抓住了白诗不施修辞，表述平白而直截了当的特质。通俗易懂的语言、单刀直入的措辞，无疑都是白诗深受大众欢迎的重要原因。他大胆引入平白直接的表现手法，带来的结果便是文学阅读群体的急速扩大。摆脱传统修辞的束缚，为传统文学的大本营打开了一扇敞亮的天窗，放进来一缕清爽的新风，这也算是白乐天为文学做出的贡献之一。

第二节

元轻白俗

何为元轻白俗

有一种说法叫"元轻白俗",说元稹"轻佻",白乐天"俚俗",是诟病两人诗词平白通俗的成语。最早提出这一说法的是北宋的苏轼(1037—1101)。苏轼在《祭柳子玉文》中提到"元轻白俗,郊寒岛瘦。(与之相比,柳子玉)嚓然(用清亮的嗓音)一吟,众作卑陋(其他众多作品都显得庸俗)",用元轻白俗与郊寒岛瘦——孟郊清寒,贾岛枯瘦——的说法,贬低中唐的四位诗人,称赞与自己有姻亲关系的柳瑾(字子玉)的文学功绩。"元轻白俗"出现于这样一个前后承接的语境之中。

"元轻白俗"的出处，本非直接讨论元稹和白居易的文章，而是为了奉承柳瑾而将元稹、白乐天、孟郊、贾岛一起放在天平之上。换言之，被引证的这四人，如果不是普遍受到很高评价，就不会形成对柳瑾的赞誉。事实上，五代和宋初，元白自不必说，孟郊、贾岛一直都深受喜爱，其程度远在今日之上。

读书人的轻视

虽说他们都享有高度评价，但元白与孟郊、贾岛之间还是有区别的。元白的文学在广大群众中深受喜爱，相比之下，孟郊和贾岛的特点堪称适合文人口味，两人皆为独具特色的诗人。"轻"与"俗"纯粹是否定评价，而"寒"与"瘦"也可以进而诠释为成熟，或者具有尖锐个性的风格。博得大众口碑的平易就这样导致了读书人的轻视。关于前文所举白乐天一边确认"老妪"的理解一边作诗的例子，明代的俞弁认为那是毫无根据的编造，那种平易反而招来后世读书人对白乐天的蔑视。

宋初之前的文坛之雄

尽管如此，正如苏轼用以引述的事实所表明的那样，元稹、白乐天被视为宋初之前的文坛之雄。例如《旧唐书》的《元稹白居易传》，在叙述了唐代之前的文学史之后说道：文章的新体，发于建安永明时期。沈约、谢朓去世之后，元稹、白乐天卓然超群……

在汉魏以来的文学潮流之中，苏轼对唐代其他文人置之不顾，唯独对元稹、白乐天二人加以讨论。《旧唐书》中有一篇《文苑传》，对文学观和文学史进行论述，也可称之为文学总论，而在《元稹白居易传》这篇个人列传中再次写入文学总论，这一现象本身，就显示出元白文学被视为唐代文学的代表。

《旧唐书》为五代后晋的刘昫所撰，但这不过是在开运二年（945）该书完成时，冠以时任宰相刘昫之名而已。事实上，《旧唐书》是后晋多位史官以史料拼凑而成的史书。《文苑传》和《元稹白居易传》出自谁手不得而知，至少不是由个性张扬的作者所写。《旧唐书》的文学观并未脱离时代，而是反映了当时极为普遍的认知。

以古文为中心的观点

与《旧唐书》形成对照的是《新唐书》。晚于《旧唐书》一百多年,北宋仁宗嘉祐五年(1060)成书的《新唐书》,首先由宋祁执笔,然后由欧阳修撰写本纪、志、表,完成全书。该书与《旧唐书》的不同之处,在于这是一部由北宋政治、学术、文学各领域代表性的文人学者所编写的史书,他们在编写过程中积极反映了自身的观点。二者首先文体不同。《旧唐书》之《文苑传》《元稹白居易传》中相当于序文的部分为骈文,即采用罗列四六对句,多用典故的文体写就;而《新唐书》完全使用了与骈文对立的形式自由的散文——古文。众所周知,欧阳修是北宋古文复兴运动的旗手。

这一点,在对于唐代文学的看法上也清晰地体现出来。《新唐书·文苑传》的序将唐代文学划分为三个时期,到了以韩愈为中心的第三阶段,唐代文学臻于完善。如此定位,呈现出以古文为基准的文学史观,将提倡古文的韩愈奉为构图的顶点。《旧唐书》里把元稹、白乐天作为唐代文学的代表,而《新唐书》则以同时代的韩愈取而代之。自此以后,对唐代文学的认识，皆以《新唐书》所提出的以古文为中心的看法为基准。这一看法被继承下来，直至今日，基本的文学史概略图都来自《新唐书》。

曾断言"元轻白俗"的苏轼，是《新唐书》作者欧阳修在文学方面的门徒。事实上，他不光是在欧阳修的主审下科举及第，而且在政治、学术、文学各方面继承并发展了欧阳修的理念，或者为之增添了更为强烈的个性。苏轼所说的"元轻白俗"，其深层蕴含着欧阳修提出的唐代文学观。

从流行诗人到通俗诗人

欧阳修、苏轼之前的宋初文学，有被称为"白体"的白乐天风格的文学；有被称为"九僧诗派"，追随孟郊、贾岛的文学；也有被称为"西昆派"，模仿李商隐的文学等等。文学史一般都如是记载，这说明当时的文学可以分为数个流派。但是我们应该注意到，这些诗派并非处于同一平面，而是多层次的构造。在一般水平上来说，白乐天处于主导地位；而略为特殊的小众人群喜好孟郊、贾岛；在最高水平上，李商隐晦涩的诗词则受到追捧。如此梳理，便浅显明了了。

事实上，模仿李商隐诗作风格的《西昆酬唱集》主要是参与编写宋王朝文化著作《太平御览》的高级知识分子，他们在编辑的间隙唱和于宫廷。最高层次的文化人倾倒于晦涩的李商隐诗——恰好位于深受大众喜爱的通俗平易的白乐天的对立面——也是顺理成章。中晚唐时期不同文学流派其创作者和追随者的阶层不同，宋初追随者各取所需，造成了当时文学交相混杂的局面。对这种现象加以整饬，创造了宋代新文学的，正是欧阳修和苏轼。

苏轼所说的"元轻白俗"，其实暗指的是当时模仿白乐天诗的"白体"充斥蔓延的诗风。实际上苏轼的文学作品也有与陶渊明—白乐天的谱系贯通的一面，他并没有否定白乐天（见本书第四章第二节）。但是自从他断言"元轻白俗"之后，知识分子把白乐天视为通俗的看法便延续了下去。

杜牧的批判——从儒家文学观出发

在苏轼断言"元轻白俗"之前，也有过针对元稹和白乐天作品通俗性的批评。为人熟知的是晚唐杜牧（803—852）的言论。他在李戡的墓志铭《唐故平卢军节度巡官陇西李府君墓志铭》中，记录了李戡生前说过的话：

> 尝痛自元和已来，有元、白诗者，纤艳不逞，非庄士雅人，多为其所破坏。流于民间，疏于屏壁，子父女母，交口教授，淫言媟语，冬寒夏热，入人肌骨，不可除去。
>
> （常常令我感到不快的是，自元和以来，元稹白居易的诗风，脆弱艳丽，让人颓废。流传于世间，人人交口相传。淫言秽语，渗入肌骨不可去除。）

这种直接出自李戡之口的批评，甚至可谓漫骂，被杜牧如实地记录下来，也说明杜牧与李戡持有相同的看法。对元白的诗用"纤艳不逞""淫言媟语"来评价，近乎唾弃一般加以否定。李戡和杜牧如此定罪，所依据的是正统的儒家文学观。儒家观点认为，传播为人应该具备的德行、教化大众，才是文学的责任和意义所在。从这个角度来看，元白的诗歌淫秽且有悖礼教。这段文字直接表达出对其诗歌的厌恶，指出描述淫靡艳情的内容有违礼教，与苏轼所说的"元轻白俗"亦略有偏差。

对作为艳情诗方面的批评

对元白诗的批评，在与其同时代的李肇所著《唐国史补》（卷下）中亦可看到。

> 元和已后，……学浅切于白居易，学淫靡于元稹，俱名为"元和体"

称元稹为"淫靡"的批评之词，无疑是指他的艳情诗。这里将元和时期新兴的文人诗体总称为"元和体"，对其缺点逐一列举。除了有对元稹的"淫靡"之评价，也包含对白乐天"浅切"的批评。

在白乐天和元稹的诗文中，也可以看到类似于"元和体"的词语。长庆三年（823），白乐天五十二岁任杭州刺史时所作的《余思未尽，加为六韵，重寄微之》一诗中，有"诗到元和体变新"之句，并且在自注中写道"人称元白千字律诗为元和格"，可见他对自己创造出新的体式受到欢迎感到自豪。这里所说的新体式"千字律诗"，即元白常用的长篇近体诗。对平仄搭配要求严格的近体诗，一般形式为四韵八句的律诗,而十句以上的律诗被称为排律。较之更长、延绵数十句的长篇始于杜甫。元稹与白乐天带着对杜甫的仰慕,挑战这一高难度的诗体,两人在近乎竞争的应酬唱和中,开创了"元白千字律诗"的新体式。

不受瞩目的讽喻诗

白乐天将自己的新体式称为"元和格",对其抱着肯定的态度;而元稹将追随者的诗风叫作"元和诗",则略带几分无奈。在《白氏长庆集序》中关于元白两人唱和"百韵"即两百句的记录之后,有如下文字:

巴、蜀、江、楚洎长安中少年,递相仿效,竞作新词,自谓为"元和诗"。

(从巴、蜀、江、楚至长安的年轻人,模仿这种诗风,竞相创作新诗,并称之为"元和诗"。)

流行催生模仿,狂热的模仿者几乎遍及全国,但他们所追随的只限于长篇近体诗这一新奇的体裁,讽喻诗倒没有受到关注，白乐天的《秦中吟》《贺雨》等讽喻诗，世人知者无几。这有违作者本意。这里只写到元、白的诗歌体式受到追捧，评议通俗的特点，并没有提及元稹作品淫靡的一面。或许元稹也不想把自己与艳情诗联系在一起吧，他真正期待的，是人们将关注点集中于与艳情诗相反的极端的讽喻诗。

白乐天面对热潮的心情

面对出现大批追随者程度的流行，白乐天是怀着怎样的心情呢。他在寄给元稹的信件（《与元九书》）中，表达了对于自己作品在妓女和街坊之间流传的态度：那也不过是"雕篆之戏"和乏味的游戏，微不足道。然而世间看重的，却是那些东西。文学只不过是"雕篆之戏"，这是两汉时期扬雄的观点。尽管扬雄作为写赋（当时最主要的文学体裁）的大家获得了成功，却认为文学无非游戏。扬雄本人立志成为继承孔子的思想家，继而从文学转向了哲学。扬雄所说的"童子雕虫篆刻，壮夫不为"（《法言·吾子篇》）——文学不过是儿童学习虫书、篆书写法之类的东西，不值得堂堂男子为之——这一说法后来一直成为中国士大夫的精神底流。儒家的文学观认为，人格的磨炼和社会实践才是士大夫的责任和义务，文学只具有次等的意义。二叶亭四迷所说的"文艺并非男子的毕生事业"也与之相通。白乐天引用扬雄的话，体现出他对社会上流行热潮的冷静态度。

听说自己的文章被考生奉为范本，诗作也被广为传唱，白乐天写下"深感惭愧，不以为真"，从中可看出他在感到难为情的同时，亦带有几分欣悦之意。元稹将白乐天的诗比作《诗经》，也是盛赞其传播之广。对诗人来说，收获广大读者无疑是无上的荣耀和宽慰。但如果只是新奇的体式和有悖儒家之道的艳情诗受到追捧，那么状况就不尽如人意。作者不想看到作品风靡的原因在于通俗性，作品的流行会给作者带来利弊两方面的影响。

友人元稹的经历

与白乐天并称为"元白"的元稹，作为文人收获了极高的知名度，又因身为通俗作家而受到轻视。我们可以从他呈送给令狐楚的文章中，看到他左右为难的复杂心情。在解读其心理之前，首先有必要回顾一下元稹的个人经历。

元和元年（806），二十八岁的元稹与白乐天同时通过宪宗的特殊考核，旋即被授以左拾遗，同年内因上书招来议论，被贬为河南县尉。此时又逢母亲去世，元稹回乡守孝，居丧期满后，元和四年（809）二月被任命为监察御史。在任期间，因与宦官仇士良一行争夺驿馆引发纠纷，元稹被贬为江陵士曹参军，之后又被贬为通州（治今四川达州）司马，等到重返朝廷已是元和十四年（819）冬天的事情了。他回京后被授膳部员外郎。虽说历经十年的外放之后终于回归朝廷，但所授官职仍远离政权中枢。

当时的宰相是在政界和文坛都举足轻重的令狐楚。令狐楚直接对元稹说："我从前就关注你写的东西，不过遗憾的是只略读一二。现在能否把你的作品全部给我看看？"这对元稹来说，足以成为自己得到重用的宝贵机会。元和之初，他从左拾遗这一有望升迁高官的职务起步，却被立即外放地方，经历多年贬谪之后终于重返朝廷，但所获官职仍然微不足道。如果这次能获得宰相认可，或许能够重回仕途的主流——元稹应该心知肚明。为此他将自己的作品整理好呈送给宰相，并附上一封信札。这封信也被《旧唐书·元稹传》引用，文章开头如下：

稹初不好文，徒以仕无他歧，强由科试。及有罪谴弃之后，自以为废滞潦倒，不复为文字有闻于人矣。

（我原本不好作诗文，只因别无他能，为求入仕勉强参加科举。因罪遭贬，受此挫折，自以为再不得因文章而为人所知。）

文学乃儿戏，政治为本领

令狐楚垂问元稹的作品，大约是因为听到了元稹流行作家的名气。然而元稹本人并没有把自己定义为从文之人，也想要卸掉作为文学者的声誉。我们从中也可以隐约看出，他想表达自己视文学等同儿戏，政治才是自身本领的意味。

元稹在信中接着说明十几年的贬谪令他无法发挥能力，只好倾力作诗。那些诗中一部分是批判社会的诗作，出于遭受谴责的顾虑没有拿出来。除此之外，另有饮酒赏景的短诗。此类诗内容随意，与自己理想的诗相去甚远，却深受世间推崇，以"元和诗体"之称广受模仿。自己与白乐天两人唱和了长篇排律，该样式又被模仿，结果导致很多似诗非诗的作品横行，也被称为"元和体"。效仿元白的诗一经流行，世间的有识之士便将文学的不良风气归罪于元稹。元稹附上解释的文字，将自己的作品呈送给了令狐楚，希望其明辨作品的类别。

按照元稹本人的话说，他所重视的讽喻诗不为世间知晓，而具有娱乐性的诗作与长篇排律这些新奇诗体却被效仿，以"元和诗体"之名流传世间。流行作家的知名度并非自己所愿，元稹如是强调。

与艳情诗切割

元稹当时呈送给令狐楚的作品有古诗百首、近体诗百首，共汇编为五卷。元和七年（812），元稹曾应友人李景俭之求，整理了自己的作品并赠送给他，将八百余首诗分为十体二十卷。送给李景俭的十体之中也包括百余首艳情诗（《叙诗寄乐天书》）。然而当令狐楚要元稹拿出全部作品给他看时，元稹将艳情诗谨慎地删除一清。当今流传的元稹文集中没有艳情诗，那些诗只能在中晚唐的艳情诗集《才调集》中看到。对欲重出官场的元稹来说，艳情诗人的名声实为不妥。他在信的结尾说道："如果您能明察，小生于文学的作用恰似撑建筑的木材，那我这十多年的弯路也算没有白走。"

令狐楚阅此便对元稹大为赞赏。正如元稹内心期待的那样，翌年他便被提拔为知制诰，得到穆宗的信任，跻身政权中枢。

元稹一边利用流行诗人的名声，一边将交口相传的艳情诗等通俗作品从自己的诗歌中切割出去，由此作为有为之才获得起用。

第三节

向社会诗转型

专注于正统文学（讽喻诗）

闻于街头巷尾的名声，有利于文人在官场上的升迁，但若广受追捧的是通俗作品，那么情况就比较棘手了。不只是元稹，白乐天也面临着这个问题。仿佛是为了弥补自己作品娱乐性过强的口碑，白乐天开始致力于正统文学的创作，由此一系列讽喻诗类的作品得以问世。

讽喻诗是指对政治和社会现实进行批判的诗歌。在儒家的文学观里，文学只有包含了针对政治的意见才具有存在意义。这显示出中国文学面向社会的开放性和健全性，与此同时也意味着将文学纳入体制从而削弱其作为文学本身的价值。对政治和社会进行批判是儒家伦理的标准，因此中国文学带有浓厚的政治性和伦理性。虽说如此，被誉为杰作流传至今的作品，并不限于政治性，甚至有反伦理的例子，因为文学在本质上是与政治和伦理相对立的。当文学处于行将受到政治束缚的状况时，就会转向不同于政治的价值，由此产生的紧张感，使中国文学变得强劲有力。

政治性、社会性最为浓厚的体裁即为讽喻诗。白乐天本人在对其作品进行分类之际（《与元九书》），特地列出"讽喻"与"闲适"两大主题，并将讽喻诗置于文集的最前面（即卷一至卷四），这反映出作者对此类作品的重视程度。直至今日，讽喻诗都被看作白乐天文学最重要的部分。

代表作"新乐府"五十首

讽喻诗中堪称代表作的，是"新乐府"五十首系列诗。乐府一词，源于汉代由朝廷设立的掌管音乐的官署名称。除了掌管宫中祭礼所用音乐，收集民间歌谣也是乐府的重要职责，旨在从民间歌谣中汲取民意。后来在民间传颂的歌谣本身被称为乐府，再加上由文人效仿这些歌谣而创作的作品，成为一种韵文体裁。因为原本用来歌唱，所以伴有乐曲，乐曲名即为"乐府题"，后人根据传承下来的乐府题创作新歌词，正所谓旧曲填新词。诞生于民间的土生乐府，其中歌颂恋爱的抒情诗占多数，与政治伦理无甚关联。白乐天没有沿袭以往的乐府题，而是新创作了题目并称为"新乐府"。他不仅创造了乐府题，还在内容方面包含针对政治和社会的意见，重拾乐府本来的意义。

"新乐府"流行的趋势

用歌谣矫正世风的"新乐府"，实际上并非白乐天首创，其友人李绅（772—846）的《乐府新题》二十首为嚆矢。李绅是元稹、白居易自任校书郎时起就十分要好的朋友。他的《乐府新题》已经失传，元稹从中挑选十二首创作了《新题乐府》十二首，在他之后，白乐天又增添新题扩展成五十首"新乐府"。尽管白乐天没有提及此事，元稹在《新题乐府》序文中却有所记载，从中我们可以得知李绅、元稹、白居易作品之间直接的继承关系。在元和年间的青年文人之间，展现出创作关注社会的新式乐府的趋势。

在此之前的盛唐，诗人杜甫在长安居住时期，创作了不少具有社会性的近似乐府的诗歌，如《兵车行》，以及合称"三吏三别"的《新安吏》《潼关吏》《石壕吏》《新婚别》《垂老别》《无家别》等作品。白乐天等人的新乐府创作，与杜甫对社会现实饱含激愤的诗作一脉相承。

从体裁角度来说，白乐天的"新乐府"沿袭了《诗经》。置于卷首的"序"相当于《诗经》的"大序"，附在五十首各篇之前的短序则相当于《诗经》的"小序"。各篇诗题分别取自最初的诗句，这也效仿于《诗经》。不仅在体裁方面，他还想重振《诗经》以褒贬政治为原本目的的精神。

《长恨歌》的负片

在此让我们关注五十首中的第七首《上阳白发人》。这首乐府描述了在杨贵妃专宠之际，一位从未得到宠幸却在宫中虚度一生的宫女的不幸遭遇，恰如高调描写玄宗与杨贵妃爱情故事的《长恨歌》的摄影负片。

首先"小序"如是说：天宝五载（746）之后，杨贵妃独占专宠，后宫不再另有侍寝之人。嫔妃被从后宫移往别处，上阳宫即为其一。

薄幸宫女的一生

在介绍诗歌背景的旁白之后,诗歌正文将光束汇聚在一位被幽禁在上阳宫的女子身上。

上阳人,红颜暗老白发新。

用此句开头之后,作者接着描写薄幸宫女的一生。

绿衣监使守宫门,一闭上阳多少春。
玄宗末岁初选入,入时十六今六十。
同时采择百余人,零落年深残此身。
忆昔吞悲别亲族,扶入车中不教哭。
皆云入内便承恩,脸似芙蓉胸似玉。
未容君王得见面,已被杨妃遥侧目。
妒令潜配上阳宫,一生遂向空房宿。

(绿衣监守盯着宫门,自从被关进上阳宫,不知已经过了多少个春天了。玄宗末年被选入宫,年仅十六,如今已经六十。一起入宫的宫女多过百人,不幸落魄虚度岁月,勉强留下这一老身。回想当时，强忍悲哀告别亲人，被扶进车里也不能放声哭泣。众人都说入官以后就能受到天子宠幸。那时面容似莲花，胸脯如美玉，还未谒见天子，就被杨贵妃远远地盯上了。因遭嫉妒被悄悄送到上阳宫，从此一辈子就住在没有生气的阴森的屋子里。）

宿空房，秋夜长，夜长无寐天不明。
耿耿残灯背壁影，萧萧暗雨打窗声。
春日迟，日迟独坐天难暮。
宫莺百啭愁厌闻，梁燕双栖老休妒。
莺归燕去长悄然，春往秋来不记年。
唯向深宫望明月，东西四五百回圆。
今日宫中年最老，大家遥赐尚书号。
小头鞵履窄衣裳，青黛点眉眉细长。
外人不见见应笑，天宝末年时世妆。

（秋夜漫长。长夜里不能入睡，天也久久不明。唯有明亮的灯光中映在墙上的身影和潇潇暗雨敲打窗户的声音相伴。春日迟迟，漫长的春日里一人独坐，太阳也不肯西沉。宫廷的黄莺不断地鸣叫，早已听得厌烦。在房梁上筑巢的双燕,不会嫉妒我垂老之身。黄莺归山,燕子飞走之后,这里就一直冷清寂寞,春去秋来,已过几多年华。仅仅是在深宫中眺望明月,月亮都已经团圆过四五百次了。如今变成宫中最年长者,蒙天子赏赐尚书的称号。尖头的鞋子,贴身的衣服,用黛画过的细长眉毛——外人肯定不会看到这副模样,如果看到肯定会发笑。因为这是天宝末年流行的装束。)

结尾部分这样写道:

上阳人,苦最多。

少亦苦,老亦苦,少苦老苦两如何。

君不见昔时吕向美人赋,又不见今日上阳白发歌。

(住在上阳宫的人,有太多苦楚。年轻时也苦,年老后也苦。年轻时的苦,年老后的苦,两者都苦到何种程度?请看那往昔吕尚写的《美人赋》,请看这今日《上阳白发歌》。)

对蓄养宫女之批判

据说在天宝末年,所谓的"花鸟使"被遣往各地,在坊间巷里发现美丽年少的女子就充入后宫。吕尚的《美人赋》就是批判此事的作品。作者将《美人赋》与《上阳白发人》相提并论，后者的讽喻意义就显而易见了，以此批判蓄养后宫之非。"后宫佳丽三千人"（《长恨歌》）的说法并非修辞性夸张，我们可以屡屡看到盛唐到中唐朝廷外放宫女一次就多达数百至三千人的记录。由于财政紧缩和出于人道立场，朝廷会时常放归宫女。

提倡宫女解放是一个"正论"，言说正论则不带风险。虽说"新乐府"是包含批评的诗歌，但也不会将刀锋直接朝向皇帝，依据的也是不容反驳的正确立场。相较于诗歌讨论豢养大量宫女之非的主题，读者也更能从具体描绘的不幸女子的命运中产生共鸣。因为与外界隔绝，装束打扮仍是多年前流行的模样，这样一个宫女的形象实在令人痛心。如此刻画的细节，如实而生动地凸显出宫女的悲哀。

故事讲述者扎实的表现力

通过细节刻画的叠加来构筑整体悲剧，是在《长恨歌》里也可看到的手法。尽管得到天子的宠爱或者正是因为得到了宠爱而招致不幸结局的杨贵妃，不能承蒙天子宠幸而孤老终身的"上阳白发人"，两个故事无论哪一个都能让读者感到震撼。写出这样的作品，充分显示出白乐天作为故事讲述者的才华和扎实的表现力。

如果说"上阳白发人"讲的是薄命女子的故事，那么也有故事讲述不幸的男子。在此举一例，题为《新丰折臂翁》的新乐府。这是一个讲述男子年轻时为了逃避兵役而自己折断胳臂而终身残疾的故事。"小序"也记载着这首诗对对外扩张政策的批判。

> 新丰老翁八十八，头鬓眉须皆似雪。
> 玄孙扶向店前行，左臂凭肩右臂折。
> （在新丰遇见一位八十八岁的老翁，头发眉毛和胡须都已雪白。由玄孙扶着向店家走去，左臂搭在玄孙肩上，右臂已骨折了。）

看似安享福寿的老人，不知何故身有残疾。长寿的幸福与残障的不幸，两者其实是表里关系。对此在随后的诗中有说明。

> 问翁臂折来几年，兼问致折何因缘。

翁云贯属新丰县，生逢圣代无征战。

惯听梨园歌管声，不识旗枪与弓箭。

无何天宝大征兵，户有三丁点一丁。

点得驱将何处去，五月万里云南行。

闻道云南有泸水，椒花落时瘴烟起。

大军徒涉水如汤，未过十人二三死。

村南村北哭声哀，儿别爷娘夫别妻。

皆云前后征蛮者，千万人行无一回。

是时翁年二十四，兵部牒中有名字。

夜深不敢使人知，偷将大石捶折臂。

张弓簸旗俱不堪，从兹始免征云南。

骨碎筋伤非不苦，且图拣退归乡土。

此臂折来六十年，一肢虽废一身全。

至今风雨阴寒夜，直到天明痛不眠。

痛不眠，终不悔，且喜老身今独在。

不然当时泸水头，身死魂孤骨不收。

应作云南望乡鬼，万人冢上哭呦呦。

（试问老者，"胳臂折断多久了，胳臂折断是有何缘故吗？"老人回答说自己是长安近郊新丰县之人，有幸生在太平盛世，听惯了歌舞乐曲，过着与兵乱无缘的日子。之后不久到了天宝年间，征兵频频，如果一户有三个男丁，一个就得从军入伍。要说去哪里，万里征途，酷暑云南。听说云南有条叫泸水的河，山椒花落时散发毒气，河水像沸水般滚烫，渡到河对面之前两三成士兵都死了。被征入伍与告别家人的哭声响彻村庄。如果出征南方，成千成万人里没有一个能平安返回。

收到征兵令的时候，这老朽之身正是二十四岁的青年。深更半夜悄悄抡起锤头，打折了自己的胳膊。这样做是为了既不能射弓箭，也不能举大旗，这才免于远去云南。即使有身体上的痛苦，也想免于征兵留在家乡。断臂六十年，一条胳膊不中用，但人平安地活着。现在每逢天气不好的夜晚，还疼痛到彻夜不眠。虽然疼痛无法入睡，但不后悔。因为自己都有幸活到这个岁数了。要不是这样，那时就会变成泸水岸边的孤鬼，在遥远的云南无名士兵的坟墓里思念着故乡，鬼魂哭个不停。）

听完老人的话，最后记叙讲述者的看法。

老人言，君听取。

　　君不闻开元宰相宋开府，不赏边功防黩武。

　　又不闻天宝宰相杨国忠，欲求恩幸立边功。

　　边功未立生人怨，请问新丰折臂翁。

　　（都来听听这位老人的话吧。不是说开元宰相宋璟禁止滥用武力，没有褒奖战功吗。不是说天宝宰相杨国忠为了遏制安禄山急于立功，武勋未立却招来世间怨恨吗。征兵的残酷，请问这位亲身体验过的老人吧。）

生动描写的人物形象

　　宋璟被看作开创开元之治的名相，杨国忠则是引发安史之乱的人物。要么为世间带来太平，要么置人民于战乱之苦，这都取决于宰相。白乐天的矛头停留在已经恶评加身的杨国忠身上，并没有朝向作为根源的皇帝。对国家组织机构的怀疑，将战争视为国家之恶而悲叹，这些深度是从诗中读不出来的。这首诗的批判性并没有多么强力，相比之下读者倒是会被这里诉说的老翁的人生感悟所萦绕。白乐天的讽喻诗，让读者可以看到具体的个人形象，听闻其声，对其境遇引发共鸣。"新乐府"的每一首都具备故事性，仿佛各自都是一部独立的短篇小说，每个生动鲜活的人物形象都充满着感情。

对高官和富人的反感

《秦中吟》十首系列诗也收录在讽喻诗之中，贯穿其中的是对权贵与富豪的反感。"新乐府"带有官方性的特点，而《秦中吟》则从庶民的立场出发。财主的千金容易获得良缘，穷人家的姑娘即使人品端正也不易出嫁。官府物资有余，百姓却苦于重税。高官骑着好马穷奢极欲，农民却因饥荒食不果腹……这些描写与其说是对政治的批判，不如说是对当时社会风气的批判。这十首诗宛如一幅当时都城的画卷，描绘出世间百态。判断的依据，是世间一般的价值观、道德观。依据这样的标准而提出的意见，同样不是危险思想。

这一系列讽喻诗集中创作于元和四、五年白乐天任左拾遗的时期，这也确定了其讽喻诗的性质。白乐天的职责是对天子谏言，他通过文艺的形式将其表达出来，可谓体制内的批判。白乐天的社会诗，不具有震撼思维的冲击力，其意义在于截取朝廷和世间多样的场景，并像风俗画一般将其描绘出来。

作者的真实声音

白乐天的讽刺文学令人感到欠缺的，在于其叙述口吻总是隐藏在话语者的背后，从不直接露出真容。"新乐府"继承《诗经》的体裁所带来的结果，是在诗人角色的背后，隐藏着作者个人、白乐天本人的真实声音。白乐天作为故事讲述者高明的一面，将在下一章讨论。既为高明的讲述者，那么相反地，作为直接批判者的存在感就会黯淡。但是，如果说到与讽喻诗相对立的闲适诗，白乐天则作为一个独立的个体原原本本出现在其中。在这一点上，两者也形成了鲜明的对比。

或许白乐天的讽喻诗带有其力争从受世人追捧的文学风格中蜕变的意图。平易的文字、叙事性的口吻，以及易于让读者联想具体日常的表达能力，白乐天诗歌的这些特征，都在此显露无遗。

第三章 讽喻与闲适——公与私

第一节

左迁江州

因守孝而无官无位

白乐天在宪宗手下作为新进官僚仕途辉煌的时光，因母亲的去世戛然而止。元和六年（811）四月，母亲陈氏亡故，他只能辞官守丧。白乐天蛰居在故乡下邽（治今陕西渭南临渭），丁忧期满重返朝堂之前，度过了三年无官无位的生活。俸禄自然是没有的，他只能亲自耕田营生，这期间似乎也得到元稹、崔群、钱徽等友人经济上的帮助。这一时期的白乐天除了苦于生计，也体弱多病。然而祸不单行，更令他深受打击的是三岁的女儿金銮子在母亲去世的同一年也夭亡了。对于膝下荒凉的白乐天来说，金銮子宛如掌上明珠。

退居下邽的三年，是白乐天一生最灰暗的时间，那一时期他的诗作大多带着阴郁的情绪。

左迁江州司马

元和九年（814），守丧期满重返朝堂的白乐天，被安排担任一个闲职——太子左赞善大夫，即太子的顾问，也就是监护人的角色。这个职务远离政治中心，对于曾经立志要走高官路线的白乐天来说，他肯定不满足于此。就在郁郁寡欢之时，发生了一件惊人耳目的事件。元和十年（815）六月三日，宰相武元衡在上朝路上遭人暗杀。

当时藩镇的跋扈令朝廷颇为困扰，而武元衡则是主张讨伐藩镇一派的急先锋。这一时期，力量最为强大的藩镇是淮西的吴元济。元和九年淮西节度使吴少阳死后，其子吴元济无视朝廷继续统治淮西。朝中主张讨伐的大臣和主张妥协的大臣之间形成对立。与武元衡同为主战派代表的御史中丞裴度，亦于同日清早上朝途中遇袭受伤。同时发生的事件均以藩镇问题为导火索，这在任何人眼里，肯定都看得一清二楚。

白乐天早在事发当日的正午就提呈了奏书。文章没有留存，他似乎主张不只抓捕凶犯，还应查明背后操纵的主谋。这无疑是正论，却招来了非议。一时间批评迸发，认为他这种非职责之内的进谏乃越权行为，因此白乐天被贬，外放江州司马。这是安排给政治犯的官职，这是他人生中唯一的一次获罪外放。

诱因在于出格的行为

白乐天究竟为何明知呈奏是僭越行为，却还要迈出这一步呢？他本人在写给妻子的从弟杨虞卿的信（《与杨虞卿书》）中，提到自己遇到这种事态无法保持沉默。但我们也不是不能猜测，或许他是为了跳出非己所愿的闲职铤而走险。白乐天或许期望自己会被看作不在其任却不顾危险、毅然上书的铮铮忠臣，抱着能受到赞赏，一跃而被提拔为朝廷骨干的心理。可是在朝廷内部与藩镇相勾结的汹涌暗潮之中，局势的发展朝向了对他不利的方向。在白乐天的仕宦生涯中，这是唯一一次自己的行为反作用于自身的经历。与元稹屡屡和周围冲突而遭降职或贬谪相比，白乐天的仕途几乎是风平浪静。这次独一无二的出格行为便引来了祸患。

只不过，正如白乐天写给杨虞卿的信中所说，各种倾轧落在了自己身上的情况，也说明了朝廷内部当时的风气。对他的讽喻诗感到不快的人，对他敬而远之的人，都以他越权上奏为借口对他进行打压。但是这项罪状对白乐天来说没有负疚之处。诚如信中所说，"忠""愤"被说成"妄""狂"也无须羞耻。

黯淡的心情——前往江州途中的诗（1）

外放的江州以浔阳为中心，即今天的江西省九江市，位于长江干流与浩荡的鄱阳湖衔接处上游南岸，南边耸立着庐山。白乐天八月离开长安，经过将近两个月抵达江州。有一首途中所作的《舟中雨夜》，后来由他本人收入《白氏文集》的"感伤"类诗中。

> 江云暗悠悠，江风冷修修。
> 夜雨滴船背，夜浪打船头。
> 船中有病客，左降向江州。

（笼罩长江的乌云暗沉沉地扩散，掠过长江的暗风冰冷而发出声响。夜雨掉落在船篷上,夜晚的波浪冲击着船首。舟中有生病的旅人,遭到贬谪前往江州。)

即使没有直接表达感情的词语,昏暗阴冷的夜雨就足以显示出白乐天的心情。这确实是一首沉浸于惨淡心绪的诗作。

舒畅的心情——前往江州途中的诗(2)

然而即便是同一旅程的作品,文集"闲适"类也收录有如下作品。

舟行　江州路上作
帆影日渐高,闲眠犹未起。
起问鼓枻人,已行三十里。
船头有行灶,炊稻烹红鲤。
饱食起婆娑,盥漱秋江水。
平生沧浪意,一旦来游此。
何况不失家,舟中载妻子。

(看船帆的影子就知道日头渐渐高升,尽管如此仍然慵眠不起。起床后询问船夫，被告知已行出三十里。船首放置的小炉，用它蒸米并烹饪红鲤鱼。吃饱后站起身来伸展腰肢，用秋天清凉的江水漱口。虽然一直以来都抱着隐居的想法，却没想到来此地游玩。何况无须骨肉分离，因为妻儿都在船上。）

同为舟行之旅，但这首诗显示出颇为享受的舒畅心情。因为不需要一大早赶去官府，所以能睡个懒觉。舒舒服服睡个好觉是白乐天生活中的快乐之一，时常出现在他的诗里。睡眠充足之后便是食欲的满足。热气腾腾的米饭，佐以或许就在这条河里捕到的鲜鱼，都描写得十分美味诱人。睡眠与饮食是生活的基本，诗人在此予以充分关注和品味。对清晨洗脸的描述，也体现出河水的清冽。官员一旦遭贬，就必须立即出发离京。白乐天也是在外放的诏书发布次日离开长安，所幸得以全家出行，这一点也着实令人宽慰。

如果将悲叹反过来看，被迫离开官场中枢的贬谪，也是领着俸禄享受隐居的难得契机。这种思维本身并非没有先例。早在南齐谢朓的《之宣城郡出新林浦向板桥》中就可看到。

既欢怀禄情，复协沧州趣。

　　既能领取俸禄，还可实现隐居——不过谢朓的诗似乎带有勉强宽慰自己的语气。白乐天的诗，或许是因为具体表述了愉快的心情和感受，自然而然地传达出逃脱朝廷束缚的舒畅内心。诗人极其自然地沉浸在既为官又为隐的满足感之中。

"闲适"——诗中新的情感表达

　　深究白乐天在去往江州旅途中所写的两首具有对比性的诗，哪一首代表了其真实的心情，意义并不重要。如果将诗中咏叹的情感原原本本地看成作者自身的内心情绪，就有些武断。作者只是沿用了定型的表述，《舟中雨夜》被收入的"感伤"类诗中，汇集了遵循既往抒情诗定型的作品。白乐天在写下嗟叹左迁的诗作的同时，也创作出有别于以往的类型，即"闲适"诗的门类。"闲适"诗会在日常生活的饮食起居这些小事中感受满足与充实，体会生命的喜悦。被收入"闲适"诗的《舟行》，从令人欣喜的方面重新审视和接受左迁这一事态。白乐天为诗歌的情感表达增添了"闲适"这一新的形式。

对都城的眷念——《琵琶引》的世界

白乐天在江都或与庐山僧人交游，或建造草堂享受自足的时间，只看这些就会觉得似乎他过得颇为自在。他当然也会因为眷念都城而感到内心的动摇，《琵琶引》正是反映他当时心境的一篇作品。这首诗以《琵琶行》的标题为人熟知，不过原标题是《琵琶引》。"引"和"行"都表示歌。这首长诗与《长恨歌》同样闻名遐迩，也是以一位女子为主人公。作者在"序"中对创作这首长达八十八句的长诗的缘由和内容做了说明。

元和十年，予左迁九江郡司马。明年秋，送客湓浦口，闻舟中夜弹琵琶者，听其音，铮铮然有京都声。问其人，本长安倡女，尝学琵琶于穆、曹二善才，年长色衰，委身为贾人妇。遂命酒，使快弹数曲。曲罢悯然，自叙少小时欢乐事，今漂沦憔悴，转徙于江湖间。予出官二年，恬然自安，感斯人言，是夕始觉有迁谪意。

（元和十年，余被贬江州司马。翌年秋天，送客至浔阳港溢浦，听到弹奏都城乐曲的琵琶声。在舟中弹奏琵琶的是一位女子。她诉说自己曾是长安倡女，后来嫁给了商人而辗转至此。我在此地生活安稳，但是听了她的琵琶，才体会到贬谪的悲哀。）

这首诗与《长恨歌》相同，关注的是命运坎坷的女子。不过在《长恨歌》中作者始终作为一个叙述者，没有出现在诗中，而在这里作者叙述自己直接的体验。虽说如此，不一定就意味着作者曾在溢浦口遇到过那位女子的原型，也有可能作者为了给描写遭贬之哀的定型化抒情增添新的创意，特意写出这一结构，即因琵琶女而深有感触，第一次意识到自己同样流落他乡的处境，并领略到同样的悲哀。之所以这样说，是因为另有作品与此极为相似。

促发共鸣的匠心

诗人在抵达江州之前途经鄂州（治今湖北武汉）时所作《夜闻歌者》就是这样的作品。其大意如下：

夜晚将船停在鹦鹉洲，秋江上月光辉耀。一阵歌声从邻近的舟中传来,曲调十分悲哀,歌声方歇又闻得啜泣之声,一阵啜泣之后又开始呜咽。循声望去,舟中有一位面容洁白如雪的女子,独自倚着桅杆。看起来十七八岁,身姿优美,珍珠般的泪水垂落在水面月亮的倒影中。询问她是何方人氏,为何哭泣又为何唱出如此哀怨的歌声。问话之间,只见她泪水打湿衣襟,眉头紧锁不做回答。

《琵琶引》中的女子叙说自己的身世,与此处歌声之后仅仅是哭泣,然后循声遇到不幸女子的结构完全一致,这首诗仿佛是在《琵琶引》这一巨制之前打下的一幅草图。清代的何焯指出这两首诗均为讲述白乐天自身的作品。大概诗人为了抒发遭贬之悲哀而塑造一个与自己等价的女子形象,借助女子的不幸命运来诉说自身的不幸吧。不论这是虚构还是切身体验,《琵琶引》都凝聚着作者的匠心,把一个不幸女子与作者自身相重合,以触发作者对于女子的同情,并进一步引发读者对于女子和作者的理解,形成多重共鸣,增强渲染效果。

歌颂女性一生的故事诗

与此同时,在落魄诗人的身姿之外,这里确实塑造了一个不幸女子的形象。白乐天擅长故事化地描述女性的生涯，将经历种种不幸的女子写入诗中，例如享尽荣华却以悲剧收场的杨贵妃（《长恨歌》），在杨贵妃的光芒遮盖下埋没深宫的宫女（《上阳白发人》），因家境贫寒而错过婚期的姑娘（《秦中吟》其一《议婚》），等等。将各种薄幸女子的多舛命运用讲故事的口吻娓娓道来，正是他的诗歌深受庶民尤其是女性欢迎的原因。

中国的叙事诗数量相对较少，但是将个人的生涯故事化并进行叙述，权且称之为"故事诗"的作品也并非全无。例如蔡琰的《胡笳十八拍》和《悲愤诗》。蔡琰是东汉学者蔡邕的女儿，博学多才，在战乱中被掳至匈奴之地并生下孩子，后来又被迫母子离散回到中原，归汉再婚之后却又失去丈夫的恩爱。她的诗中描述了女子接二连三的不幸。再例如乐府诗《孔雀东南飞》，诗中的人物设定在建安时期，焦仲卿妻刘氏被婆婆赶出家门，回到娘家后又被逼迫改嫁。尽管她拒绝却又无能为力，进退两难之下投水自尽。前夫焦仲卿听闻后也自缢殉情，实为一场爱情悲剧。更有乐府《陌上桑》，讲述一位令所有人着迷的女子秦罗敷，回绝了地方长官的引诱，而且盛赞自己的夫君。北朝乐府《木兰诗》，情节为名叫木兰的姑娘身着男装代父从军并立下战功,在率部凯旋之后才展示出女子的身份。

回顾这些早前的故事诗,我们会注意到其主人公均为女性。白乐天描写不幸女子的故事诗也与此一脉相承。这也是他的作品博得青睐的理由之一。长久以来,讲述"女人一生"的故事诗深受读者喜爱,而白乐天的故事诗与该传统的衔接便让广泛的读者群倍感亲近。

将民间歌谣文艺变为文学

那些先于白乐天的故事诗,都是佚名之作。《胡笳十八拍》和《悲愤诗》曾被认为是蔡琰的作品,因为其主人公是实际存在的人物,主人公与作者被相提并论。白乐天把长期流传于民间的故事诗,改写为出自同一作者的作品。正如诞生于民间的乐府诗经文人之手而丰富了诗歌形式那样,中国的诗往往是从民间过渡到文人。可以说是白乐天将故事诗吸收进文人的文学之中。

那些先前的故事诗,相较用以阅读的文学,更具有用来歌唱的文艺色彩。白乐天的作品即使被人们传唱,其作为文学在语言文字上的水准也不曾衰减，把民间的歌谣文艺提升到了文学的高度。

将音乐转变为语言文字

《琵琶引》正如"序"中关于内容梗概所交代的那样，作者为了送别将要离开浔阳的友人而来到溢浦港，忽然听到弹奏京都乐曲的琵琶声，诗就从这里写起。诗人循声移船，发现弹奏琵琶的是一位女子。于是邀请女子上船，摆设好宴席，当面聆听演奏。白乐天对这用心弹奏的乐曲不惜笔墨做了详尽的描述。

> 大弦嘈嘈如急雨，小弦切切如私语。
> 嘈嘈切切错杂弹，大珠小珠落玉盘。
> 间关莺语花底滑，幽咽泉流冰下难。
> 冰泉冷涩弦凝绝，凝绝不通声暂歇。
> 别有幽愁暗恨生，此时无声胜有声。

（粗弦的声音像骤雨般激烈，细弦的声音仿佛轻声呢喃。激烈与细微两种声响交织在一起，如同大粒小粒的珍珠纷纷掉落玉盘一般。轻快的莺鸣在花丛深处萦绕,幽咽的泉水在冰下阻滞不前。琴弦的声音就像泉水冻结似的凝滞不畅,片刻间默不作声。此中生出暗暗忧愁,此时此刻,声响顿失后的空白胜过任何声响。)

白乐天似乎在挑战用语言展现音乐这一难题,通过比喻表现源源不断流淌而出的乐曲,指出甚至沉默也伴随情感。

在叙事中酝酿出抒情性

一曲终了,四周寂静无声,只有秋月洒下皎洁的光辉。此时,女子收起琵琶,开始讲述自己的身世。

她十三岁时就成为技艺无双的琵琶名手,风光无限。无奈韶华逝去,客人也不再光顾,只好嫁给商贾。可是丈夫有生意出门不归,剩下自己一个人哀叹命运不济。

白乐天为琵琶的音色感动,更因女子的身世有所触动,他也谈及自己的遭遇。说自己是被贬之人,离开京城谪居于此。乡村幽僻,没有什么以怡情志,要说歌曲,只有刺耳的民谣。在感慨无聊时听到女子弹奏琵琶,听觉焕然一新。于是写下一首《琵琶行》，请求女子为他再弹一首。

女子于是重新拿起琵琶。

> 感我此言良久立，却坐促弦弦转急。
> 凄凄不似向前声，满座重闻皆掩泣。
> 就中泣下谁最多，江州司马青衫湿。
>
> （听到我的话女子若有所思，伫立良久后重新落座弹拨琴弦，音乐节奏渐渐紧张起来。悲凉凄惨的音色又不同于方才，倾听中满座之人无不掩面而泣。要说其中谁流泪最多，正是身为江州司马的我，单薄的青色官服已经湿透。）

听闻她的落魄身世，加深了琵琶带来的感动，也让周围人产生了共鸣。感触最深的不是旁人，正是诗人自己。至此全诗结束。与《长恨歌》的结尾部分一样，白乐天的长诗在最后昂然高歌，在气氛的高潮中结尾，因此也能引起读者的共鸣。

不过《琵琶引》催生共鸣的部分略有牵强之嫌。作者以诗中人物的身份出现，并与女子的不幸产生共鸣，这一结构令人感到勉强做作。

最后部分的情绪高涨，或许不能被简单地共情。一般来说，白乐天的故事诗是以叙事性的口吻酝酿抒情性，籍此发挥出其文学家的功力。

第二节

编纂《白氏文集》

中年时期的文学观——《与元九书》

被贬为江州司马后,白乐天得以远离官府公务,其间清闲无事。借用他自己的话说,就是吃饭睡觉,洗脸梳头,除此之外别无其他。尽管如此,仍然"月俸四五万"。虽然相比后来出任刑部侍郎时"月俸八九万"(《和自劝二首》其一)只有一半,却也"无困衣食,足以养家"。白乐天在此地时间充裕,给元稹写下一封论述文学的长信,即《与元九书》(信中零散夹杂着对生计的描述),充分展示出白乐天中年时期的文学观。宪宗元和初始白乐天登上前台,在官场和文坛都大放异彩的那段时期已经成为过去。在远离都城的地方,他重新审视当下的自己,并且思考此后的人生。通过这封信,我们可以看到他深刻的内省。

文学的意义

正如中国文学论所常见的那样,白乐天的《与元九书》也从文学的意义开始着笔。他在文章的最初写道:依据儒家文学观,谈及文学之于人世必不可缺。"文"即彩,是用以装点的美丽纹样,也是文学。天界为"天文",即为日月星座所装点,由此对"人文"即作为人类世界的纹样的文学加以肯定。这是六世纪出现的中国最早的文学原论——刘勰的《文心雕龙》之后,儒家价值观中主张文学存在意义的论述。

文学的历史

接下来,白乐天也依照文学论的常规步骤,回顾文学的历史。

他写道:在体现了诗歌应有形态的《诗经》之后,文学阶段性地走向了衰落。《楚辞》怨言连篇，五言诗之祖的苏武、李陵只是抒发了离别的悲伤。尽管如此，因为彼时距《诗经》的年代尚不久远，仍然保留了余风。可是晋宋之后，文学就进一步衰落了，谢灵运唯观山水，陶渊明仅颂田园；鲍照、江淹则更为褊狭；到了梁陈，就只能看到赏玩风雪花草的游戏文学了。就算写下华丽的诗句，也仅仅是华丽而已，毫无讽喻之意。《诗经》的意义在南朝末年消失殆尽。唐代涌现出的诗人不可胜数，可是值得列举其名的却不多。即使才气卓绝的李白，十首作品之中堪比《诗经》的一首都没有。杜甫更胜于李白，不过符合诗歌之道的作品也不过一部分而已。杜甫尚且如此，其他的自不待言。

白乐天列举古代以来的著名文学家，指出他们均已背离《诗经》这一规范，叹息文学的衰退。《诗经》被看作至高无上的文学，因此背离《诗经》即被视为文学的没落，这种思维也沿袭了以往的文学史观。历史上卓越的文学家即使各自拥有出众的一面也不及《诗经》，把文学的标准明确地规定为《诗经》的讽喻性，即是否具有社会性效果。虽然至此的表述极具白乐天自身直截了当的风格，但其主旨本身仍与士大夫从正面讨论文学时的路线无甚改变。

讲述自身的文学阅历

随后，白乐天叙述了自己作为文学家的成长过程，详细记录了他的文学阅历，这在当时实属罕见。从幼年辨字的故事（曾在第一章引述，尚在幼时的白乐天就能识别"无"与"之"二字的故事）开始，继而写到苦读的情形。

白乐天从五六岁时开始学习作诗，九岁便掌握了押韵的规则。十五六岁时开始以考取进士为目标而学习，二十岁以后夜以继日无休止地努力，结果口中生疮手指起茧，肌肤失去光泽，发齿衰弱似老人，眼前总有无数蚊蝇飞舞，这些都是长期勤勉苦读的结果。

为学习古典而不得不花费大量力气的中国士大夫，从不缺少体现读书刻苦的逸事。白居易在这里生动地展示了因苦读而造成的身体上的疲敝。

进入朝廷直接参与政治之后，白乐天认识到文学必须适用于社会。在宪宗御前做谏官时期，白乐天在履行公务提呈谏言的同时，还创作了力图拯救人民疾苦、弥补政治缺漏的诗歌。然而借用诗歌批判引起了当权者的恼怒，因此责难四起，理解他的只有邓鲂、唐衢和元稹。前两人年纪轻轻就已亡故，而元稹这十年也一直远放僻地。白乐天感慨写下正直作品的诗人为何都遭遇如此不幸。不过他却认为自己因为文学得到名声，所以因文学获罪大概也是理所应当的结果。

白乐天并未提及左迁江州司马起因于涉及武元衡暗杀事件的言论，而说是源于讽喻诗招惹的反感。确实，造成白乐天被逐出朝堂的原因并非进谏奏章本身，而是官场对他不怀善意的氛围。

做一个不拘于世间评价的真正文学家

接下来白乐天描述了当年白诗盛行的情形。

文学作品在民间的意外成功，为他的文学家身份提供了外部保证。虽然他也因受到赞扬而难为情，但他本人其实并非完全认同大众对他的肯定，这是因为在民间受到高度评价的，都是他私下不满意的作品。世间的评价与自我的判断发生龃龉，世间追捧的是违背本意的东西。对于名声，白乐天自认得到了太多，再要占有富贵的身份，实在是没有自知之明。如此想来，被贬斥到这偏远之地，可以说也是当然的报应吧。诗人多怀才不遇，陈子昂、杜甫只做过拾遗之官，最后困顿至死。李白、孟浩然未及片官，憔悴不堪溘然长逝。近几年的孟郊、张籍，虽已年迈仍然止于微官。与他们相比，不得不说自己已经得到眷顾了。

对于科举登第后在官场的平步青云，以及世间所寄予的极高的文学评价，白居易都弃之不顾，显示出他决心作为一个真正的文学家度过余生的意志。

编纂文集

白乐天正是怀着这样的心态，对以前的作品加以整理并亲自编纂文集。由作者亲自编纂的文集，自六朝时期以来就有先例，而体系化的编纂则始于白乐天和元稹。

白乐天一生中曾多次从事文集的编订。在江州着手初次编纂全集，无疑是出于作为文学家的全新自觉。会昌五年（845）他最后一次编纂，成书七十五卷本，制作了五部，收存于庐山、苏州、洛阳的寺庙和亲族手中（《白氏长庆集后序》）。由此可以看出他对自己作品怀有深厚感情，同时也体现出他希望自己以文学家之名流传后世。

四种分类

白乐天在自己四十四岁时编辑的第一套文集中,将之前的八百首诗分为四种。这一分类在其后反复多次的编纂过程中都基本得到了沿袭。所谓的四种,即"讽喻""闲适""感伤""杂律"。"讽喻"收录的是表达政治批判的诗歌。如果将"讽喻"看作具有公共意义的诗作,那么"闲适"就是歌颂生活中喜悦的私人性诗歌。"感伤"继承了传统定型的抒情诗。"杂律"是唯一以体裁为根据的分类,收录了律诗等近体诗作品。这四类之中白乐天重视的是"讽喻"和"闲适"两种,他还表示其余的"杂律"等均可有可无。

"讽喻"诗忠实依据儒家文学观,体现了文学应该具备的姿态,其存在的意义无须赘言。在这里需要关注的是"闲适"诗。原本"闲适"一词在白乐天之前并不存在,如果勉强搜寻,在西晋郭象的《庄子·大宗师》的注解中,可以找到"闲暇自适"四个字。要将"闲适"扩充成四个字的话,大概就是"闲暇自适"吧。"闲适"诗歌颂公务之余的闲暇中对日常生活感到满足的心情。中国的正统文学受儒家思想影响,始终需要在此前提下赋予其意义。"闲适"文学在儒家文学观之中，能够具有何种意义，又是否能与"讽喻"相提并论呢？

给"闲适"诗赋予的意义

白乐天为了给"闲适"诗赋予意义，采取了将儒家思想中的"兼济""独善"与"讽喻""闲适"结合起来的方法。

白乐天在《与元九书》中提到，自己时时将古人所说的"穷则独善其身，达则兼济天下"铭记在心，即在不遇时磨炼自我，在顺境中要救济世间全体。时机到来，就展翅高飞，大显身手；如果时机不宜，就悄然退隐。这样想来，在两种情形下皆可保持自我。"讽喻"诗表明的是兼济之志，"闲适"诗抒发的是独善之意。

白乐天引用的"独善""兼济"均出自《孟子》。

古人在能够实现抱负时施惠于人民，不能实现抱负时通过磨炼自我方能显露才华。逆境中努力提高自我修养，顺境中则要力争全天下的提升。

士应该在政治场合发扬自己的德，而能否从政则关乎际遇，并非取决于自己。这里谈到在置身政治中心或遭排除在外这两种情况下，应该如何为人处世。白乐天将《孟子》的"兼善"引用为"兼济"，其含义并没有变化。

正如先于《孟子》的《论语》所说："用之则行，舍之则藏"。根据状况改变处世的方式，是儒家传统士大夫的思想指针。

"独善"的解释

白乐天把"闲适"诗与"独善"相结合，难道没有曲解《孟子》含义之嫌吗？《孟子》的"独善"原本表示的是在不能作用于世间的状况下努力提高自我修养的意思。但是白乐天所说"闲适"的内涵，指的是在无关世事的景况下享受和品味生活的乐趣。这明显与"独善"的含义大有偏差。《孟子》的"兼济"与"独善"这两种情形只能二者择一，不可兼顾，而白乐天的"讽喻"诗与"闲适"诗因为有公私之别，所以能够同时区别对应。在现实中，他也曾在身处官场的同时写下"闲适"诗。

白乐天援引《孟子》甚至不惜曲解《孟子》的行为，显示出要说明"闲适"诗的意义是有多么困难。到了晚年，白乐天再度援引经书，这一次不偏不倚地借用经书为"闲适"诗赋予了意义（见本书第四章第三节），白乐天欲将"闲适"诗纳入儒家理念之下的良苦用心，如今看来，似乎是多此一举。优秀的作品，不应受到文学之外的理念的束缚，而应具备作为文学的独立价值。"闲适"诗本身就已充分具备了作为文学的意义。

发掘隐藏于日常的生命意义

脱离公共场合的个人生活，以前并非从未被写入文学。东汉之后的隐逸文学，在不同于世俗价值观的别种生活方式中歌颂生命的意义。白乐天的"闲适"诗也与这一谱系相连接。只不过在白乐天的"闲适"诗中，看不到隐逸文学中明显表现出来的与政治和体制的对峙，仅在与凡俗无关的自立世界中讴歌欢悦的情感。而且白乐天有一点较为显著，即他不仅从日常生活中发现喜悦，而且沉浸于喜悦的自我也被作为诗歌的对象而形象化了。这也显示出他有意自觉地、下意识地创造歌颂喜悦的文学。不论白乐天是不是幸福的生活者，他都是一个将幸福世界变为语言的表达者。

中唐文学题材迅速扩大的倾向，也与"闲适"诗的形成有关。在此之前的文学，或如《文选》的"咏史""游览""赠答""行旅"等那样分类，或者像梁朝钟嵘在《诗品序》中总结的那样，分为"四季景物""宴会""羁旅""闺怨"，题材是被固定下来的。到了中唐时期，题材种类得到扩展，之前没能写入文学作品的形形色色的事物也被吸纳进来，个人的日常生活也是其中之一。白乐天把平凡度日的情形也作为题材，从中发现生命的喜悦。发掘隐藏于日常的生命意义，正是"闲适"的文学意义，而且被作为文学的新领域继承下去。

第三节

与元稹的交情

持续近三十年的交情

上文中引用的《与元九书》，说明白乐天正是因有如此一位深刻了解自己的友人，才得以写就吐露胸臆的文学论。拥有元稹这样一个最佳听众，白乐天才能展示出其思考最深奥的部分——如果没有他，那些思考或许就不会浮出思维表面。元稹也因为拥有白乐天这个知己，在文学方面取得了很大成就。两人彼此认可和理解，多年来在文学上互相切磋。不仅如此，他们在人生的艰难时期也相互激励，度过了各自的困境。从元白两人身上，可以看到朋友之间最理想的相处方式。

元白二人相识于通过吏部考核的贞元十九年(803)前后。从那时起,直到元稹在大和五年(831)五十三岁过世为止,近三十年间,两人一直保持了牢固的友谊。

或许是因为友爱与儒家所说的"信"与"义"等道德准则相吻合,在中国关于友谊的传说和掌故十分丰富。成语"知音"中的俞伯牙与钟子期、"管鲍之交"所说的管仲与鲍叔牙、上田秋成"菊花之契"的故事原型即后汉的范式与张昭——被编写成故事的友情传说为数不少。

文人间的交友史

文人之间交友的记载,始于三国时期的建安文人。建安文学的中心人物曹丕,曾在往日的友人亡故之后,怀着眷恋之情回忆昔日宴集是如何欢娱。其后的南朝也有数个与政治集团叠合的文人集团为人所知。

然而相比群组性的交流,歌颂一对一的友情的作品则出现较晚,李白与杜甫算是较早的例子。杜甫多次在诗中表达对李白的思慕,字里行间洋溢着对敬爱诗人的真切情意。不过李白对杜甫倒显得比较冷淡,似乎李杜之间的友情其实是杜甫的一厢情愿。杜甫写李白的诗也都是在两人分别之后的作品，应该说李白与杜甫之间的"友情"是杜甫想象中的样子。然而即便那是杜甫的一厢情愿，也明确地塑造出了文人之间友情的形态。白乐天和元稹的友情，由双方共同建立。两人都仰慕杜甫，所以想必他们的友谊也受到了杜甫追随李白的诗作的影响。

初次相遇

白乐天交友甚广，诗文中也真心诚意地记录了众多友人的姓名，若论交谊之久、交情之深则无出元稹之右者。白乐天把他们最初相遇的情形，记在题为《代书诗一百韵寄微之》的长诗最初部分。

> 忆在贞元岁，初登典校司。
> 身名同日授，心事一言知。
> （回想起来那是在贞元年间，我刚刚登第成为校书郎的时候。与你同一天被授予名号，心里想的事情只言片语就心领神会。）

在这四句之后，标有白乐天的自注：

贞元年间与微之同时考取科举，一同被授秘书省校书郎，初次相识。

通过那一年吏部考核的共有八人，彼此关系都十分亲密，而"心事一言知"的友人唯有元稹。在另外一首《赠元稹》的开头，他也写道来长安的七年中，结交的朋友唯有元稹一人。

> 自我从宦游，七年在长安。
> 所得惟元君，乃知定交难。

自从成为"同心友"之后，两人常一同在春日里游乐，在下雪天饮酒。在诗的最后四句，白乐天这样说道：

> 不为同登科，不为同署官。
> 所合在方寸，心源无异端。
> （我们登第是同时，官职也一样，但那些都不是我们成为朋友的理由。之所以能成为朋友，是因为我们从内心深处一拍即合。）

共建友情的意志

　　从旁观者的角度看，两人的性格有相当大的差异。相比对任何事物都带着包容态度、性情温和的白乐天，元稹则相当具有好斗性，身为官员屡屡挑起纷争从而遭到左迁。日后元稹为了登上宰相之位而采取的强硬手段，白乐天是绝对做不出来的。即使在文学方面，元稹对白乐天也带有强烈的竞争意识，创作高难度的长篇律诗，以此向白乐天挑战；而白乐天在应和的诗中，尝试以同样的顺序使用对方用过的韵字。在他们之前也有过两个诗人相互应和的"唱和诗"，而且该体裁随时代发展规则也越来越严格，不过原原本本使用同一韵脚，是从元白唱和诗开始。这种形式在宋代之后被称为"次韵诗"，成为十分普及的体裁。即使是这种唱和诗，元稹面对年长自己七岁的白居易，也会运用高难度的技巧来挑战。

　　另一方面，白乐天对此则从容沉着地应对。不仅对元稹送来的诗作加以称赞，甚至表示其诗技长进也有自己的功劳。在诗歌创作方面白乐天有一日之长，双方对此抱有共通的理解。两人绝不是完全重合，这一点反而使两人相互吸引、相互支撑的关系成为可能。

白乐天在诗中多次称元稹为"同心友",两人的友情之所以能保持一生,大概不只是因为心气相投,还因为二人有"共建友情的意愿",即两人都有自觉让友谊持续下去的意愿。那种意愿基于中国文化中传承下来的友爱观念,而就近则继承于杜甫对李白所抱有的深厚友情。

"友情文学"的诞生

元白两人不光偕同交游,心怀维护友情的意愿,而且还将其写入诗歌作品。通过诗歌语言,两人的友情更加有力和牢固。元白二人为中国文学增添了"友情文学"。其实两人共处一处亲密往来的时间并没有那么久。元稹屡次被贬谪,白乐天也被外放——在相距遥远的地方各自度过的时光要长得多。然而正因如此,对身处远方的友人表达深切思念的诗才得以问世。

他们直接来往最频繁的时期,是从通过吏部考核就任校书郎算起,到元稹经宪宗的科制被任命为左拾遗数月之后外放河南县尉为止,也就短短三年时间而已。为了备考科制,两人闭居道观埋头苦读,又相偕在京城四处游览,那一时期的交谊变成他们的青春记忆,在后来被反复提起。

相思想念的心情也曾催生出令人惊奇的默契。元和五年,左迁江陵的元稹出现在身居长安的白乐天的梦中。在梦中白乐天握着元稹的手交谈,而梦醒的瞬间响起敲门声,使者送来了元稹的来信和诗作。《初与元九别后忽梦见之及寤而书适至兼寄桐花诗怅然感怀因以此寄》这首拥有长标题的诗记录了此事。

思念元稹的诗

同一时期,白乐天仰望中秋月而思念元稹的诗作尤为出名。

八月十五日夜禁中独直对月忆元九
银台金阙夕沉沉,独宿相思在翰林。
三五夜中新月色,二千里外故人心。
渚宫东面烟波冷,浴殿西头钟漏深。
犹恐清光不同见,江陵卑湿足秋阴。

(银台门、金阙门,那里夜色渐深时分,我独自值守在翰林院,对你的思念涌上心头。十五的明月高悬夜空,那是两千里外的你的心。江陵之地古代楚国的宫殿渚宫东面雾霭笼罩的河流想必寒意习习,我这边浴堂殿西侧的钟漏让夜晚深深。这皎洁的月光,你应该看不到吧。因为听说江陵地势低湿气重,秋天容易阴云密布。)

"三五夜中"两句曾被日本的文学作品多次引用。除了被收入《和汉朗咏集》之外,《源氏物语·须磨卷》中描写光源氏回忆都城的情景时,说他"口中吟诵着'二千里外故人心'而泪流不止"。自古以来月亮就是将离别的人们联结起来的媒介,仰望满月便能与月光照耀下的他乡之人思绪相连。这首诗一改常套,反说自己所见的明月,在你那边因为气候原因大概看不到吧,借此表达对身居阴湿之地的元稹的挂念。

仿佛一对恋人

中国歌颂友情的诗,有时会让人联想到恋慕异性的作品。爱情虽然很难出现在中国士大夫文学的表面,然而古往今来东方西方，爱情是占据文学很大分量的主题。中国并非没有这一题材，只不过非常少见。可以说隐藏于地表之下的爱情文学处于根基部分，而被士大夫所接受的友情文学则以其为母体而枝繁叶茂地展现出来。歌颂友情的词汇和构思都借用于恋爱文学。或者应该说对他人的眷念、相互的理解、视对方为重要的存在且彼此呵护，这些情感没有异性同性之分。白乐天与元稹的美好友情，作为人类能够如此美好地相思相依的例证，时至今日仍然能够引起共鸣。

偶然重逢

上天曾经馈赠给两人一次巧妙的偶然。元和十四年（819），担任江州司马三年有余的白乐天，被量移（减罪调任）为忠州刺史，在沿长江逆流而上的三月十一日，于峡州（治今湖北宜昌）碰巧遇到因获量移由通州司马转任虢州长史正沿长江顺流而下的元稹。这是自元和十年（815）为元稹赴任通州送行之后，时隔四年的重逢。两人在有限的行程中一起度过了三天时光，告别后又各赴长江上下。白乐天为元稹写下一首七言十七韵，即三十四句的诗作为送别的纪念。末尾四句这样写道：

> 君还秦地辞炎徼，我向忠州入瘴烟。
> 未死会应相见在，又知何地复何年。
>
> （你离开炎热之地返回京城方向，我要去往瘴气弥漫的忠州。只要活着，就一定会有重逢的日子。那又会是在何处，何时呢？）

如今，我们在各自的旅途中不期而遇，这只能说是侥幸。如果世上有这样的偶然，那么此别之后一定还会有重逢的机会。即使不知道那将会是何时何处，但无疑还会有重逢之日——白乐天的话语，超越了单纯的送别赠言，饱含真切的情感。他大概感觉到自己与元稹的相遇和分别，是受到上天的安排，而且相信冥冥之中自有天意，平静地寄予期望。

乐观的人生观

这首诗的题目末尾也这样写道：

……因赋七言十七韵以赠,且欲记所遇之地与相见之时,为他年会话之张本也。

记下今日相遇的地方和时间,当作下次相会时回忆的话题——此处清晰地流露出白乐天坚信必有重逢之日的积极态度。即使幸运地相遇,转眼间又必须分别。临别之际,并不是叹息一别为永别,而是认为这种机会或许还有。面对困境,相比写诗抒发沉郁悲观的情绪,灵活面对现实并且怀抱希望,这才是白乐天的心性。更进一步来说,白乐天甚至很享受这样发生偶然的人生。至少他没有为两人不可控的人生道路充满别离而感到悲伤,而是非常乐观地看待人生——人生还有这种意想不到的相遇。事实上,他们二人后来在京城又阔别重逢了。

第四章 生命的欢歌——自足的晚年

第一节

复归朝政与再度脱离

重返京城长安

元和十五年(820)正月宪宗驾崩,穆宗即位。当年夏天,身在忠州的白乐天接到返京命令,得以重回阔别许久的朝堂。他在忠州居住了一年有余。返回长安当年的岁末,被任命为主客郎中、知制诰。知制诰除了本职以外,职务范围还包括起草以天子之名颁发的任命书,属于天子的近臣,这一职位足以成为飞黄腾达的跳板。新年过后,长庆元年(821)二月,白乐天在长安的新昌里购置了宅院。他在《卜居》里写道:

长羡蜗牛犹有舍,不如硕鼠解藏身。

（一直羡慕不已，连蜗牛都有自己的家，我却连把米仓当作自家居所的大老鼠都不如。）

——这样的自己，总算有了一块落脚的地方。这令他十分喜悦。历经江州、忠州连续外放而重返朝堂，或许他认为此后就可以在长安安顿下来了。

元稹参与的朝廷内部斗争

同年十月，白乐天被任命为中书舍人。中书舍人之上是中书侍郎，进而便是宰相，因此这是一个有机会荣登官职顶点的要位。虽然曾经出任左拾遗的升迁高官之路已被阻断，但是绕了一大圈之后，他重新涉足中央行政机构的枢要地位。

然而事态并没有按照想象中那样发展。朝廷内部的斗争，甚至打乱了白乐天以后的人生轨迹。这并非一场与白乐天无缘的政治斗争，因为对他来说无可替代的友人元稹就参与其中。

元稹也作为宪宗新政的天赐之子，于元和初年以左拾遗一职光鲜地登上官场,但在那之后,他的官员生活充满了风浪,仕途之坎坷更有甚于白乐天。在历经通州司马等长期外放之后,元稹于元和十四年(819)冬天复归朝堂,得任膳部员外郎并将诗集呈送给令狐楚。这些经历已在前文说过(见本书第二章第二节)。他比白乐天早一年重回政治中枢。

复归朝廷的元稹得到穆宗的信任,长庆元年(821)二月升中书舍人,十月转工部侍郎,长庆二年(822)二月任同平章事,即官至宰相。如果只看履历,这一连串的升迁顺利无比。不过关于出任宰相一事,却传出不甚光彩的风声,一时间批评四起,指他借宦官之力获得宰相之位。《旧唐书·元稹传》记载,"诏下之日,朝野无不轻笑之"——朝廷内外俱报之以冷笑。

元和五年(810),元稹曾因驿馆之争与宦官发生冲突,受宪宗责罚左迁江陵士曹参军,然而就在复归朝堂之后,他加深了与宦官势力的关系。将元稹的《连昌宫词》等百篇诗作呈送给穆宗的,就是宦官崔潭峻。穆宗对这些诗篇倍加赞赏,问及作者何人,当日就将元稹提拔为祠部郎中知制诰。未经宰相合议,仅凭宦官的介绍就由天子一人决定了任命。

从此时起，元稹就与其他朝臣产生了嫌隙。

元稹与裴度的争斗

攻击元稹的急先锋，便是同在宰相之位的裴度。当年埋没于通州司马之任的元稹修书希望得到提拔，正是这位政界泰斗裴度向朝廷提呈的书简。然而当元稹返回朝堂之后，两人却变得相互敌对起来。裴度十分厌恶与宦官勾结的元稹。顺便说一句，元稹这个人在官场的人际关系时常变化。曾经想读元稹全部诗作的令狐楚，一度是重回朝堂之后的元稹的后盾，就在那一年他被逐出朝廷远放衡州刺史，而当时的诏书却是由元稹起草的，据说他因此对元稹心怀怨恨。

还有一个不能证实真伪的说法，传言元稹曾打压令狐楚因文才推举的张祜。据说元稹被天子问到张祜的诗如何，元稹回答"用文学这等雕虫小技来赞赏一个人，未免会有损陛下的德治"（《唐摭言》）。难以想象这是因《连昌宫词》得到皇上欣赏才爬上升迁之路的人说出的话。还据说他曾冷遇前来拜访的天才诗人李贺。在这些传闻中，元稹被说成是一个冷酷无情之人，或许是因为借助宦官之力爬上宰相之位的丑闻留下的阴影吧。

元稹就任宰相之前,从中书舍人转任工部侍郎,据说也是由于裴度弹劾他与宦官勾结。尽管官位晋升,却被体面地调离了中书省这个政治中枢。

在他升任宰相那年的五月,又发生了一起事件。元稹被诬告企图暗杀裴度。经过审问,元稹洗清了嫌疑,但结果是双方均受到处罚,元稹和裴度都被罢免了宰相。从二月上任到六月卸任,只做了短短四个月的宰相。随后元稹出任同州刺史,被再度调离京城。

元稹就任宰相时,为他代笔书写"谢官状"——感谢皇帝授官之恩的惯例性文书的,不是旁人,正是白乐天。白乐天与已成元稹政敌的裴度也交往颇深。对于两人的交恶,作为旁观者,不知白乐天体会到何种苦涩的滋味。元稹于白乐天而言是个无可替代的朋友,但其作为官员却是个带火药味的、谣言不断、行事狡猾奸诈的政治家——白乐天或许因此而对政治心生厌恶。

借元稹和裴度被罢黜之机取而代之登上宰相之位的是李逢吉。他就是被视为诬告元稹暗杀裴度的黑幕之人。白乐天在他手下当中书舍人,心里很不是滋味。

对无常人生的思考

我们从白乐天在元稹被罢免的翌月造访曲江的诗与诗序中,可以窥察他当时的心情。《曲江感秋》的诗序这样写道:

> 元和二年、三年、四年,予每岁有曲江感秋诗,凡三篇,编在第七集卷。是时予为左拾遗、翰林学士。无何,贬江州司马、忠州刺史。前年,迁主客郎中、知制诰。未周岁,授中书舍人。今游曲江,又值秋日,风物不改,人事屡变。况予中否后遇,昔壮今衰,慨然感怀,复有此作。噫!人生多故,不知明年秋又何许也?时二年七月十日云耳。

(元和二年、三年、四年,我每年都作曲江感秋诗。合起来三首都收在文集第七卷。当时身为左拾遗、翰林学士,不久被贬为江州司马和后来的忠州刺史。前年转任主客郎中、知制诰,未过一年被任命为中书舍人。如今在曲江游赏,又逢秋节。风物虽同,而人世诸事变幻莫测。何况我仕途上经历波折,如今到这种境遇,回想起当年健壮,今已衰老，感慨不已，于是又作此诗。呜呼，人生多事，不知明年秋天又会身在何处。时长庆二年七月十日。）

多次游览同一地方，风光依旧，游人的境遇却不同了。人可以通过故地重游而看到自我。曾经前程似锦、风华正茂的长安时代，随后便废弛，再后来重回长安，如此变幻无常的人生，在这曲江池畔，一幕幕鲜活地重现。尽管白乐天新任朝廷要职，但是这里却看不到他的喜悦。仿佛从别处静观经历反复升迁贬谪的自我一般，只有静谧在此流淌。

曲江秋思

《曲江感秋》二首之中的第一首写道：

元和二年秋，我年三十七。长庆二年秋，我年五十一。中间十四年，六年居谴黜。穷通与荣悴，委运随外物。遂师庐山远，重吊湘江屈。夜听竹枝愁，秋看滟堆没。近辞巴郡印，又秉纶阁笔。晚遇何足言，白发映朱绂。销沉昔意气，改换旧容质。独有曲江秋，风烟如往日。

[元和二年秋，我三十七岁。长庆二年秋，我五十一岁。中间的十四年，其中六年置身贬谪之地。或逆境或顺境，或荣达或落魄，都全靠运气、看状况。因此在庐山拜师慧远，在湘江凭吊了屈原。夜晚倾听竹枝悲歌，秋天亲见滟滪堆（瞿塘峡中的巨石）被水淹没的奇景。不久前辞去巴郡（忠州）刺史，又变成在中书省执笔的身份。谈不上什么晚年的福运，代表高官地位的朱色印绶与我的白发互相辉映。往年的意气已经衰老，曾经的容颜也已经改变。只有曲江的秋天，风和雾霭都如往昔一般。]

人的境遇取决于与己无关的他处，无论身处何种境遇都要保持内心的静谧。这是中国士大夫追求的态度，白乐天也多次在诗中表达出同样的想法。但是那些诗篇与这首诗的感触有所不同。这里看不到试图保持自己内心平静的样子，流露出近似谛观的感慨。不，这不是什么谛观或者达观，更确切地说，是来自诗人对现状感到失望和无趣的无力感。中书舍人是一个只要在官场发展顺利，宰相之位也有望触及的职位。但是，白乐天似乎根本没有那个野心。对于前途变化，他一切顺其自然，已经放弃主动操控自己的人生了。"序"的末尾说"不知明年秋又何许也"——他没有预想也没有期待就此一直在中书省待下去，一切只有听从命运的安排。

厌倦政治斗争

虽然由此可以看出白乐天的态度是将自己的未来视如一张白纸，而他其实进一步做出了一个选择——谋求外任，离开中书省。据《旧唐书》本传记载，天子放纵，宰相不得人心，白乐天对地方平叛事宜屡次上书却得不到采纳，于是心灰意冷，"乃求外任"。这个决定的背后固然有多种因素，例如没能充分履行中书舍人的职责，因盟友元稹的下台而感到不自在等，然而最重要的原因，应该是因元稹参与的政治斗争而对政界产生了深深嫌恶。他自己从通往宰相之位的阶梯上走下，做出决断选择了一条能够真正实现自我的道路。想必李逢吉等政权核心对与元稹亲近的白乐天离开朝堂，不但没有惋惜，反倒有些庆幸吧。

出任杭州刺史

《曲江感秋》诗序中记载的日期是"七月十日",数天之后的十四日他就接到杭州刺史的任命。彼时,杭州这个城市的历史并不悠久,随着水利事业的发展才迅速兴盛。此地风光明媚,气候宜人,对白乐天来说是如愿以偿的地方。白乐天出了长安,一路悠然寻访沿途名胜,于十月一日到任杭州。直到两年后的长庆四年(824)五月刺史任满为止,白乐天都作为杭州刺史悠闲舒畅地在此生活。这段时间,他作为行政长官积极投身公务,例如推动水利治理,修建白堤等等。同时他欣赏杭州美景,交结文人墨客,于公于私都过得十分充实。具体的情景,在《初到郡斋(州府)寄钱湖州李苏州》一诗中有所描写:

……霅溪殊冷僻,茂苑太繁雄。唯此钱塘郡,闲忙恰得中。

(因霅溪胜景出名的湖州太过偏僻,因茂苑名园为人所知的苏州又太过繁华。只有我这杭州,闲忙程度恰到好处。）

一面调侃湖州刺史钱徽和苏州刺史李谅,一面对自己的任官之地杭州不偏不倚完美调和深表满意,杭州正是白乐天钟情的"正中间"。

在洛阳置办终老之居

在邻近各州不只有钱徽、李谅等熟悉的文人,元稹也在长庆三年(823)由同州刺史调任越州刺史浙东观察使,赴任途中在杭州与白乐天重逢。对于元稹就任相邻州郡,白乐天喜出望外,两人将诗稿装入竹筒,名曰"诗筒",频繁交流往来。

白乐天在杭州任职期满后,被任命为太子左庶子分司东都。这是一个委任给卸任高官的名誉职务。任职地洛阳作为陪都,是一座地位很高的城市,就在洛阳的履道里,白乐天购置了一处宅邸。

虽然白乐天已经备好用来颐养天年的住宅,但他的官职履历仍在继续。次年,即敬宗宝历元年(825),他接受了苏州刺史的任命，不过一年多便辞职回到洛阳，随后又转任秘书监迁往长安。文宗大和二年（828）升任刑部侍郎，尚不足一年又辞去，随后作为太子宾客分司东都重回洛阳。当时白乐天五十八岁，此后他就没有离开过洛阳。大和四年（830）岁末被任命为河南尹（洛阳长官）。大和七年（833）又辞去该职，再次被任命为太子宾客分司东都，那时白乐天六十二岁。

白乐天在杭州刺史任期结束之后，并没有立即开始隐遁生活，如此接二连三地出任官职，想必是缘于长年仕宦生涯的羁绊。不过每次任职，他都在短期内辞去，由此可以看出他隐居洛阳的愿望并未动摇。

第二节

宦游岁月

为官的宿命

白乐天于五十八岁定居洛阳之前，重复着辗转各地为官的生活——宦游岁月。让我们在这里对他的行踪做一个回顾，看看他究竟都去过什么地方。

说到官员，其实也有形形色色之分。有人只在州县级别的地方行政单位轮换任职终其一生，有人甚至连地方官也无缘，寄身节度使麾下缓解一时之难，到头来还是不能就任正规职位。走什么样的仕途，取决于自身家世、人脉、是否考取科举等各种各样的因素。能够获任朝廷职位的，只是最上层的官员，但就连他们也不可避免外任地方官。在极其复杂的官场人际关系中，降级、左迁、流谪，都是为官生涯的必经之路。

江州——陶渊明的故乡

应该说白乐天度过了相对平和的官宦生涯，即使如此他也经历了两次外任。最初的流谪是在四十四岁时来到江州。从武汉向东南奔流而下的长江，与中国最大的湖泊鄱阳湖的北端相衔接的地方，便是江州。这次外放本来就是获罪遭贬，又被派到这样的南方，因此当然也会写诗抒发对都城的思念，不过他也享受到了当地特有的体验。江州浔阳（治今江西九江）是陶渊明的故乡。白乐天从前就对陶渊明心怀亲近，访问故居之后更深深地为之倾倒，而江州左迁无疑是此事的契机。白乐天的闲适文学构建于陶渊明的延长线上。江州还与陶渊明曾经游览的庐山距离不远。庐山的东林寺、西林寺，白乐天也都曾造访，他对佛教的理解应该也有所加深。他绝没有一味沉浸于贬黜僻地的悲哀。能否从被赋予的境况中汲取养分，才是区分一个人非凡与平庸的标准。

忠州

白乐天四十八岁时获量移调离江州,新任之地为忠州(治今重庆忠县)。白乐天无论置身何处都会找到一些乐趣陶冶自己,唯有对忠州,他似乎到最后都没有适应。那是一座在接近三峡,江面逼仄水流湍急的长江左岸,紧贴着骤然陡峭的斜坡建造的城镇。"更无平地堪行处"(《初到忠州赠李六》诗),尽是山坡,平坦道路无从谈起。"山郭灯火稀,峡天星汉少"(《西楼夜》诗),深山里城郭中的人家灯火稀少,从峡谷底往上看,被两侧陡立的山崖相夹的狭窄天空,星宿的光影稀稀拉拉。

令他难以适应的,不只是这里的地形。当地的居民也"巴人类猿狖"(《自江州至忠州》诗)。此处被叫作"巴",自古以来凡经此地的旅客听到猿声都会深感羁旅的愁闷,连当地居民的面相都如同猿猴一般。白乐天对居住在这里的人们,也抱有疏离和抵触之感。他虽然卸去了被贬的官职,而且是作为刺史即州郡长官调任此地,但是这里相比江州更加偏远,所以还是不能适应当地的风土习惯。

耕耘"东坡"——营造花树世界

或许是为了慰藉那种无聊,白乐天在忠州耕耘东坡,亲手种花植木。

> 朝上东坡步,夕上东坡步。
> 东坡何所爱,爱此新成树。
>
> (《步东坡》诗)

"东坡"意即"朝东的山坡",后来宋代文人苏轼以此为号。北宋后期的政界,以王安石为代表的新党与司马光、苏轼等人的旧党发生了激烈的对立,苏轼在政治斗争中受到朝廷诬陷而被捕。虽然免于一死,但仍被贬至黄州(治今湖北黄冈)。黄州位于长江流经武汉之后去往下游不远处,相当于白乐天先前贬谪之地浔阳的上游。苏轼在那里借到一块空地,种植蔬菜以帮补家用。他把那块地称作"东坡",对其爱惜有加。苏轼在取名"东坡"的时候,应该联想到白乐天在"东坡"种植花木的先例——尽管白乐天的境况不如自身窘迫,但同样处于失意之中。"东坡"一词将白乐天与苏轼联系在了一起。

"东坡"的谱系

"东坡"的谱系实际上可以上溯到白乐天以前。在初唐时期，王绩自称"东皋子"。王绩的《自作墓志铭》里写道：

> 尝耕东皋，号东皋子。

"东皋"意即"东边的山岗"，和"东坡"一词有少许偏差却也意境相通。在宫廷文坛繁花似锦的初唐，在野的王绩不为世人所知。他作为隐逸文人出名，还是因为中唐时期其文集《东皋子集》的问世。白乐天与王绩的关联，不止在于"东皋"与"东坡"。白乐天的《醉吟先生传》模仿王绩的《五斗先生传》，白乐天的《醉吟先生墓志铭》模仿王绩的《自作墓志铭》。在隐逸文学的谱系中，王绩与白乐天紧密地联系在一起。

王绩自称"东皋子"，其渊源更在于陶渊明。陶渊明的《归去来辞》中有如下两句：

登东皋以舒啸，临清流而赋诗。

王绩是早期的陶渊明追随者。《自作墓志铭》即王绩为自己写的墓志铭，就是模仿陶渊明为自己所作祭文（悼念逝者的文章）《自祭文》。王绩的《五斗先生传》更不用说模仿的就是陶渊明的《五柳先生传》。对陶渊明、王绩的谱系加以延续的，便是模仿两人借助虚构人物为自己撰写传记和墓志铭的白乐天。

实现隐逸的地点

陶渊明使用的"东皋"一词，可以进一步追溯到魏晋时期的哲人阮籍。时任太尉名为蒋济的人士想提拔阮籍，阮籍在回绝他的文章中说道：

方将耕于东皋之阳，输黍稷之税，以避当涂者之路。

他表明自己准备从事农业，作为纳税者缴纳收获的谷物，没有打算去当一个为政者。"东皋"是一个表示脱离世俗的生活方式的词汇。

如上所述,借助"东皋""东坡"两个词语,阮籍——陶渊明——王绩——白乐天——苏轼这一连贯的谱系就显现了出来。这个谱系传承了与出仕相对立的士大夫的另一种生存方式,以及作为实现隐逸的地点的含义。

白乐天尽管没能适应忠州,但是在回到都城之后仍然会回想起东坡。曾作《西省对花忆忠州东坡新花树,因寄题东楼》——在朝廷中书省(西省为其别名)看到花开,想到自己在忠州东坡栽种的树木应该也繁花朵朵,于是作一首题记远方忠州东面楼阁的诗。诗的末尾说道:

最忆东坡红烂熳,野桃山杏水林檎。

最令人怀念的是东坡上一片红花灿烂盛开的情景。在这句之后,仿佛是关爱自己栽下的树木(不知何故都是果树)一般,将树木名称逐一记在诗句中。栽下之后就再也没有见过的树木,想必如今既开花又结果,成长了不少吧。以位居朝廷要职的身份来看,曾经如同嚼蜡一般索然无味的忠州岁月,也变成值得怀念的影像了。

对现在与过去做两重品味

白乐天常常把眼前的风景与昔日的记忆结合起来，将现在与过去叠加品味。人生不是一时性的，当场转瞬即逝的东西，通过反复回忆，就可以实现多重性的生命体验。将其变为可能的方法便是诗歌。在白乐天年轻时的作品中，他自己也曾这样说过。白乐天还是校书郎时，一日与友人元宗简同去长安胜景曲江游玩。翌日，他在回复元宗简赠诗的《答元八宗简同游曲江后明日见赠》诗中这样写道：

> 时景不重来，赏心难再并。
> 坐愁红尘里，夕鼓咚咚声。
> 归来经一宿，世虑稍复生。
> 赖闻瑶华唱，再得尘襟清。

（美好的景色，连同赏玩美景这件事情，都是一时性的，过去后就完全消失，人又得埋没到日常中去。但所幸读过你的诗篇，得以再次品味清游的兴致。）

这是赞扬元宗简的诗。而白乐天自己的诗作，通过将日常的各种事象语言化，将流逝而去的人生片段及体验变为文字镌刻下来，得以流传。

在文化积累过程中

通过诗歌作品再次体验逝去的时光，并不只限于作者。读者也可以共享陌生的地点、过去的时间片段。譬如苏轼将农田称为"东坡"时，不仅是借用白乐天的词语，也承袭了白乐天的生活方式本身。苏轼甚至给他所能读到的陶渊明的全部诗篇作了次韵，即《和陶诗》。

中国的文人，在吸收前人文学的基础上，开拓自己的风格，再流传给后世。古典文学的世界，就建立在那样的继承与创新之上。通过阅读这些作品，我们只此一回的人生也会获得扩展而更加丰满。人的生存，并不限于作为个体生命所延续的期间。人们通过在历史中积累的时间，换而言之即文化蓄积当中生存，才能享受到超越作为个体生命的纵深。文学，无疑是达到该目的的方法之一。

尽情享受诗酒之乐

且说从忠州回到都城的白乐天做了一段时间的朝官之后，五十一岁时赴杭州，五十四岁时再赴苏州，接连出任江南地方的刺史之职。杭州和苏州是白乐天从少年时代就向往的地方。十四五岁时，为躲避战乱途经此地，以当时的苏州刺史韦应物、杭州刺史房孺复两人为首的文人墨客热衷于"风流雅韵"的娱乐。他们的高雅聚会为世人所知，也让少年白乐天心怀憧憬。他期待着有朝一日当上苏州或者杭州其中一地的长官，不料最终两地的长官都当上了。他不仅留下《吴郡诗石记》这样的记录，而且他与文人们交往的频率，并不输于昔日的韦应物和房孺复，尽情享受了诗酒之趣。

杭州被低缓的群山环绕，拥抱一泓西湖，这番风景令人心旷神怡。白乐天常常在诗中提到这里的美景。例如其中的一首《余杭形胜》这样写道：

余杭形胜四方无，州傍青山县枕湖。
绕郭荷花三十里，拂城松树一千株。

梦儿亭古传名谢，教妓楼新道姓苏。

独有使君年太老，风光不再称白髭须。

［余杭郡（即杭州）的景胜之美，寻遍四方再无第二。州土依傍青山，县郡邻近西湖。城郭周围的莲花延绵三十里，轻拂城墙的松树足有上千株。叫作梦儿亭的古亭流传着谢灵运的名字，被称为教妓楼的新建小楼取名来自名妓苏小小。只有这刺史一人年事过高，美景与皓须很不协调。］

白乐天不只是享受了美景和友情，他在杭州还欣赏到了熟识的妓女商玲珑和谢好好的音乐。作为刺史主持完成了水利治理，积极地履行公务。白乐天摆脱了朝廷的羁绊和纷扰，在杭州和苏州的日子，过得自如而快乐。

第三节

"闲适"的成就

官隐之间——"中隐"的志向

白乐天在大和三年（829）五十八岁时以太子宾客分司东都的身份回到洛阳，直到七十五岁去世为止，都在洛阳履道里的宅邸度过悠长的晚年。宅邸位于像棋盘一般规划整齐的洛阳城，东南角的一个街区。履道里是功成名就的高级官员们居住的区域。要在地价不菲的此处购买宽阔的宅院，想必他动用了杭州刺史时期的积蓄，不过白乐天也提到为此卖掉了两匹马以充资金不足。

正是在这里，白乐天实现了闲适之全。虽然中途担任过两年多的河南尹，在七十一岁完全隐退之前，他身为太子宾客分司东都，继而又以太子少傅分司东都等名誉职务享受着优厚待遇，生活一直无忧无虑。该官职几乎没有什么业务，领取俸禄却不受束缚，可以按照自己喜好的方式随意生活。这正是白乐天年轻时所企盼的境遇。对此，他用"中隐"这个词来表达。

《中隐》的世界

他在作于洛阳的《中隐》一诗中这样写道：

> 大隐住朝市，小隐入丘樊。
> 丘樊太冷落，朝市太嚣喧。
> 不如作中隐，隐在留司官。
> 似出复似处，非忙亦非闲。
> 不劳心与力，又免饥与寒。
> 终岁无公事，随月有俸钱。
> 君若好登临，城南有秋山。
> 君若爱游荡，城东有春园。
> 君若欲一醉，时出赴宾筵。

洛中多君子，可以恣欢言。

君若欲高卧，但自深掩关。

亦无车马客，造次到门前。

人生处一世，其道难两全。

贱即苦冻馁，贵则多忧患。

唯此中隐士，致身吉且安。

穷通与丰约，正在四者间。

（大隐住在城市中间，小隐住在深山里面。但是山中太过寂寞，城中又太吵闹。做个中隐当个分司东都的虚官正好。似在出仕又似在隐居，既不忙又不闲，不会让身心劳顿，也不愁衣食。一年到头没有官府的差事劳神，每月还能领取俸禄。如果你喜欢上山，城南就有秋山。如果你喜欢游乐，城东就有春园。如果还想喝一杯，也可以不时地去出席个酒宴。洛阳城中君子大有人在，足以尽情谈笑。你如果想避人酣睡，就自己紧闭门扉，不会有乘马车的客人频频登门。人这一生，难以同时成全两件事。贫贱之身伴随苦劳饥寒，显贵之身心劳不断。只有这中隐之人，能够实现一生的幸运平安。因为中隐位于卑贱与荣达、富裕和贫困四者的正中间。）

自古以来，中国士大夫的生活方式是要么出仕要么隐逸，两者相互对立。仕官会带来荣达与富裕，隐逸虽没有地位与金钱，但可以远离世俗的烦琐与污浊。想要两者皆得为人之常情，但从本质上来说两者互不兼容。足以实现两者兼备的，就是白乐天所说的"中隐"。"中隐"是白乐天针对晋代王康琚《反招隐诗》（《文选》卷二十二）中所说"大隐""小隐"，取其中间之意的命名。"小隐"为隐士常见的避开凡尘隐居山中的隐逸。"大隐"则是超越了那种隐遁的生活形态，居于闹市而实现的隐逸。王康琚的诗作就是呼吁山中隐士回到凡俗世间。即使"中隐"一词来源于此，其内容却并非介于"大隐""小隐"中间。"中隐"之所以为"中"，是因为处于既为官又为隐，或者既非官又非隐，介于官与隐之间的位置。任何事情都喜好"适可而止"的中间状态，可谓极具白乐天自身特点的思维。

官位加身却又享受个人生活

但是"适可而止"同时意味着不够彻底。经济生活得到保障是为官的长处，不受繁杂公务和人际关系束缚是隐遁的优点。各取两方所长的"中隐",不具有对抗尘世污浊、坚持隐逸志向的那种严肃性。它只向往个人的安乐,缺乏隐逸原有的精神理念。尽管如此,这也是一种具有现实意义的处世态度。虽然作为官僚对周围抱有厌恶和不适应,要想全部弃之不顾当然绝非易事。对抱有同样想法的大多数官员来说,身在官场心在山林,这种可谓折中的态度,对保持精神上的平衡应该十分有效。而且这种态度不只是有用于个人。对于整个社会来说,隐逸的理念在关注现实污浊保持社会健全方面也意义重大。中国的官僚社会延续之久,达到令人惊讶的程度,这无疑是因为在官场之外足以存在另一个世界的观念之延续。

把握官与隐的平衡,既居官僚之位又享私人日常,他的这种生活态度,并不是晚年回到洛阳后突然显现出来的。白乐天出仕之初就去积极享受个人的愉悦。前文引用的《长乐里闲居》诗(见本书第一章第二节)就是在他刚刚被授予校书郎的官位,三十二岁时的作品。当时校书郎也拥有充足的空余时间,同时生计上也受到基本的保障,在此前提下能够享受闲暇时光。白乐天从一开始就已经实践了置身官位而离开公务的个人生活的自由与舒适。

虽然洛阳的生活在他的诗里只是"恰好适意",但是实际上应该享有足够的名声和财富。白乐天在诗里记述了履道里宅邸的规模(《池上篇》序):面积达十七亩,粗略计算也有三千坪(1坪约合3.3平方米——译者注)。其中三分之一是房屋,泉水占五分之一,竹林占九分之一。虽然本人说"足以容膝",但其宽敞程度当然不止于此。宅院里建有谷仓、书库、亭子。从杭州运回的天竺石、仙鹤,从苏州带回的太湖石、莲花、菱角、小舟,都被安放在池塘中,还架了一座小桥把池塘中的小岛和陆地连接起来。履道里的宅邸是一座按照自己意愿建成的地上乐园。在其中放置苏杭之物,显示出这个园子模仿的是江南风景。白乐天在这里欣赏庭园四季的景致,呼朋唤友推杯换盏。在池中泛舟,小舟像滑过一样平稳,每当划到拐角就举杯一饮。这番悠然自适的日子,仿佛画中描绘出来的一般。

给自己的诗在文学史中定位

白乐天在享受了五年这样的生活之后,于大和八年(834)六十三岁时,将描写他在洛阳闲适生活的诗作结集成一书。

该书已经失传，而在留存的《序洛诗》中，白乐天将自己歌颂人生之乐的诗作，放在文学史中来定位和评价。

予历览古今歌诗，自《风》《骚》之后，苏、李以还，次及鲍谢徒，迄于李杜辈，其间词人闻知者累百，诗章流传者巨万，观其所自，多因谗冤谴逐，征戍行旅，冻馁病老，存殁别离，情发于中，文形于外。故愤忧怨伤之作，通计今古，什八九焉。世所谓文士多数奇，诗人尤命薄，于斯见矣。又有以知理安之世少，离乱之时多，亦明矣。

（通览古今，诗歌自《诗经》《楚辞》开始，经五言之祖汉代的苏武、李陵，至南朝宋的谢灵运、鲍照，再到李白、杜甫，其间诗人，仅知道姓名的就有数百人，流传下来的诗歌多达数万首。那些作品，大多是在受到谗言或蒙受冤屈而遭贬黜，出征或羁旅，饥寒病老，生离死别这些时刻心中发生的情感，变成语言显露于外。因此怨怒悲愁之作占去十之八九。世间所说的"文士多数奇，诗人尤命薄"，也可以理解。除此之外，也因为和平年月较少而兵荒马乱的时期更多。）

予不佞,喜文嗜诗,自幼及老,著诗数千首。以其多也,故章句在人口,姓字落诗流,虽才不逮古人,然所作不啻数千首,以其多矣,作一数奇命薄之士,亦有余矣。今寿过耳顺,幸无病苦,官至三品,免罹饥寒,此一乐也。

(我这个不才之身,喜好诗文,从幼到老写了数千首诗。作品被人吟诵,名字被加入诗人之列。才华虽不及古人,但从数量上来说,足够有"数奇命薄"的诗人资格了。如今年龄超过六十,所幸没有病苦。官位至三品,衣食也不愁。这就是一种幸福了。)

太和二年诏授刑部侍郎,明年病免归洛,旋授太子宾客分司东都,居二年就领河南尹事,又三年,病免归履道里第,再授宾客分司。自三年春至八年夏,在洛凡五周岁,作诗四百三十二首。除丧朋、哭子十数篇外,其他皆寄怀于酒,或取意于琴,闲适有余,酣乐不暇,苦词无一字,忧叹无一声,岂牵强所能致耶?盖亦发中而形外耳。斯乐也,实本之于省分知足,济之以家给身闲,文之以觞咏弦歌,饰之以山水风月。此而不适,何往而适哉?兹又以重吾乐也。

（大和二年受任刑部侍郎，翌年因病返回洛阳，旋即被授太子宾客分司东都。两年后就任河南尹之职，三年后又因病重归履道里，再度被授宾客分司。自大和三年春至八年夏，在洛阳居住五年，作诗四百三十二首。除去悼亡友人与孩子的十几首，其他的诗都是歌琴颂酒。闲适有余，欢乐不暇，完全不带苦闷之言忧愁之音。这不是强装出来的，而是发自内心自然而然流露在外的情绪。这份幸福，基于守分知足，实现于没有生活困顿和闲暇的充足，在赏玩诗酒音乐和山水风月中得到润色。如果这种状态不算舒适，哪里还会有舒适呢。这又增强了我的幸福感。）

予尝云："理世之音安以乐，闲居之诗泰以适。"苟非理世，安得闲居？故集洛诗，别为序引。不独记东都履道里有闲居泰适之叟，亦欲知皇唐太和岁有理世安乐之音。集而序之，以俟夫采诗者。甲寅岁七月十日云尔。

（我总是这样说：治世之音安乐，闲居之诗泰然舒适。如果天下不太平，岂有闲居之理。因此整理在洛阳写的诗结集并作"序"，不光是记录东都履道里有一闲居安乐的老人，还想让世人知道唐大和年间有治世安乐之音，云云。）

表达自然发生于心中的情感——闲适诗的意义（1）

白乐天在此道出洛阳闲适诗具备两个意义。第一，因为文学表现的是心中自然产生的情感，所以具有意义。"情发于中，文形于外"，是自古流传的诗歌产生的原理。《礼记·乐记》中就音乐的产生也有同样的表述，在《诗经》整体的序《毛诗大序》中就指出，所谓诗就是情动发于内心，变为语言显露在外。以《诗经》诗篇为首的诗就是这样诞生的，而这种想法也被后世继承。

诱发诗歌创作的情动，不只是悲哀和忧愁。喜悦之情无疑也会发于内心。然而历代诗歌所表达的净是悲伤的情感。既然这样，那我就来讴歌喜悦欢欣的情感吧——如此一来，白乐天的欢愉文学就获得了符合《诗经》作品的意义。先前在江州时期所作的《与元九书》中，试图通过将"讽喻""闲适"与"兼济""独善"相结合而为"闲适"赋予意义。前文已经说过，其中对"独善"本来的含义有歪曲之嫌（见本书第三章第二节)。而在此通过依据《毛诗大序》，白乐天的欢愉文学便获得了作为文学正当的存在理由。

和平盛世的证据——闲适诗的意义（2）

闲适诗的另一个意义，还在于证明当下的时代是和平盛世，并非只限于歌颂个人的愉悦。这一观点也来自《毛诗大序》。《毛诗大序》在论述了诗歌的起源之后，指出音乐反映时代特征，"治世之音安以乐，其政和。乱世之音怨且怒，其政乖。亡国之音哀以思，其民困。" 因此，他在洛阳闲居时期所写的安逸恬适的作品，还具有向后世展示天下太平的作用。尽管是一位老者的闲适诗，却超越了个人的愉悦，带有广泛的社会意义。为诗歌赋予社会意义，或许正是因为有这样的观念，中国的诗歌即使表达的是个人的思想情感，也必须面向社会开放。

即使现实中有不幸发生……

然而白乐天所列举的上述两个意义，其立足的基础都与现实情况不符。"闲适有余，酣乐不暇。苦词无一字，忧叹无一声"——确实，他在洛阳的诗中描述了充满愉悦的日常。但是，要说现实中是否真的像诗中所写的那样幸福完满，事实上绝非如此。他本人在"序"中也透露出一些信息。"除去丧朋哭子的十数篇"——文中夹杂着痛悼友人过世、孩子夭亡的诗篇。这一句说明他在洛阳的时光也发生过不幸的事情。这一时期，曾经有多年交情的友人们先后过世。大和三年（829）孔戡、钱徽、崔植等老朋友过世，大和五年痛失毕生挚友元稹，大和六年、七年，自翰林学士时期以来的友人崔群和通过吏部考核之后结识的友人崔玄亮相继过世。这些老朋友们的离去，给始终珍视友情的白乐天所带来的悲伤可想而知。

正所谓祸不单行，在元稹去世的同一年大和五年（831），白乐天唯一的儿子阿崔也夭折了。总的来说，白乐天度过了幸福的人生，唯一的不幸便是没有儿子。元和四年（809）女儿金銮子出生，元和十一年（816）罗儿出生，之后还有两个女儿降生。除了罗儿，其他的几个女儿全都过早地夭折。他也写过宠爱女儿的诗，但"非男犹胜无"（《念金銮子二首》其一），意即有女儿总比没有孩子要好，这种说法便流露出对男丁的热切期望。因为需要继承家业祭祀祖先，所以在中国儿子受到偏爱。他与同样无子的元稹，两人还作诗互相安慰。直到五十八岁，白乐天第一次有了儿子，这就是阿崔。元稹也在同年喜获麟儿。两人是何等喜悦自不必说。但就是这"掌珠一颗"（《哭崔儿》诗），也只长到三岁就夭折了。这一份悲痛，绝不是用其他欢乐所能抹去的。

激烈的权力斗争

还有一点，对于把当时看作太平盛世的认识，我们也不能原封不动地接受。在京城，被称为"牛李党争"的朝廷内部权力斗争日益激化。以李德裕为代表的旧官僚层，他们出身世家，历代高官辈出；与之相对立的，是以牛僧孺、李宗闵等为首的新兴官僚阶层，他们都是通过科举进入政界。只要一方掌握朝廷要职，另一方就会被外放地方，两派之间重复着这样的角逐。其发端可以追溯到元和三年（808）。当年举行的科制考核中，牛僧孺、李宗闵合格，对此宰相李吉福（李德裕之父）提出异议，合格者没有获授官位，考官遭到贬黜。当时任职左拾遗的白乐天上奏表示贬谪考官是不当之举。如果只看这一点，似乎白乐天对牛僧孺、李宗闵有所偏袒，但在后来的党争之中，看不到他强烈支持某一方的痕迹。

在新旧官僚阶层之间的对立不断加剧的同时，朝廷里出现了第三方势力。李训、郑注等人的一支力量在党争的夹缝中发展起来。他们的影响力之强达到足以更迭宰相的程度。但是随着权力膨胀，他们与敌对势力产生摩擦，和堪称朝廷内部影子势力的宦官之间的对立逐渐激化。李训、郑注与宦官的斗争，终于在大和九年（835）爆发，即"甘露之变"。李训、郑注企图利用天降甘露的妖言引诱宦官聚集然后一举消灭。但是宦官仇士良等人，发觉被风吹起的帐幕后潜藏着伏兵，遂立即展开反击。宫廷血流成河尸堆成山，李训、郑注自不必说，连宰相王涯等没有直接参与的朝臣也遭到诛杀。这次事变让朝廷内部变成惨祸现场，是唐代后半期最为惨烈的事件。

汲取幸福

白乐天写下《序洛诗》的时间，虽然比甘露之变早一年，但是关于京城长安不安氛围日益浓重的状况，身在洛阳的白乐天不可能毫无耳闻，也并非没有直接的连接点。例如崔玄亮，他是与元稹在同一时期与白乐天结识的老朋友，因为与郑注对立而被赶出京城，很体面地作为太子宾客分司东都而调任洛阳。大和六年（832），白乐天在洛阳迎接崔玄亮，并在送给他的诗中这样写到道：

归来不说秦中事，歇定唯谋洛下游。

（《赠晦叔忆梦得》）

"秦中事"暗示着长安局势风卷云涌，而诗人对此缄口不提。他邀请崔玄亮说，相比政界之事，还是筹划在洛阳的游玩吧。白乐天应该通过崔玄亮，对其调离京城的原因和有关的朝廷动向了如指掌。然而却"不说"，特意保持缄默，没有深入议论。这种表达方法，绝不是因为白乐天不了解事态的紧迫性或者漠不关心，我们可以察觉他对其熟知却绝口不论的苦衷。崔玄亮在翌年大和七年（833）被外放虢州刺史并在那里去世，没能加入白乐天的洛阳之游。

如上所述，有朋友和孩子的亡故等个人生活方面接连的不幸，以及朝中牛李党争以及李训、郑注与宦官的斗争等等，世间实在称不上太平。尽管如此，白乐天在诗中歌颂着洛阳的愉悦时光。如此想来，白乐天的愉悦文学，并非实际生活和当时现实的如实写照，而是由白乐天甄选和创造出来的世界。不是现实中充满了幸福，而是他从现实中汲取了幸福。

对生命和人世间的肯定

完全照搬现实的文学是不存在的。文学的表达不得不伴随传统格式和表达者的主观选择。或许那就是文学表达，然而仅从洛阳愉悦文学的背景，就可以理解白乐天的文学为何是"创造出来的世界"。虽然不至于说与现实相背离，但确实是抽取现实的一部分，对其加以造型而成的世界。它的文学价值大抵是由于读者可以从中感受到人生的各种可能。虽然人生和人世多有不幸，但是仍然从中觅得生命的快乐，展示出充溢幸福感的文学世界，正是白乐天文学的意义所在。悲哀的情感也是文学赋予人类的美好情感之一，对此我们都感同身受。然而，不是只有抒发悲怆叹息哀愁的文学才是文学。既然欢愉喜悦同为人之情感，那么欢愉喜悦的文学也足以具有作为文学的意义。《序洛诗》的这一主张，就说明了白乐天的文学本质,与此同时,也明快地阐释了中国文学在本质上是肯定生命、肯定人的文学。

终结——罕见的长寿

唐武宗会昌元年(841),七十岁的白乐天上书辞去太子少傅分司东都。这是他依照一贯主张官员七十岁就应该致仕(退官)的举措。翌年即会昌二年,武宗想要提拔白乐天做宰相,而宰相李德裕认为相比白乐天,应该起用与白乐天文才相近的同族白敏中。白敏中先被提拔为翰林学士,后来(会昌六年)荣升宰相。白乐天并未在意李德裕的意见,他已经没有重登朝堂的意愿了。会昌二年(842),七十一岁的白乐天在刑部尚书之位致仕,享受着高阶身份,领取着相当于一半俸禄的养老金,仍然住在洛阳履道里的宅邸中过着悠然自适的日子。会昌六年(846),白乐天以唐代文人少有的长寿——七十五岁时生涯落下了帷幕。

附录

白居易年谱

代宗·大历	七年（772）	1岁	正月二十日，出生于郑州新郑县
德宗·贞元	十年（794）	23岁	父亲去世，服丧
	十五年（799）	28岁	在宣州乡试（地方考试）及第
	十六年（800）	29岁	在长安进士及第
	十九年（803）	32岁	吏部书判拔萃科及第。与同时及第的元稹相识。被授秘书省校书郎
宪宗·元和	元年（806）	35岁	辞去校书郎，与元稹闭关华阳观备考。四月，在宪宗主持的制科考试中及第，被授盩厔县尉。十二月于盩厔县仙游寺作《长恨歌》
	二年（807）	36岁	秋，返回朝廷出任京兆府试官、集贤殿校理，并升任翰林学士
	三年（808）	37岁	继续担任翰林学士。被任命为左拾遗。居住在长安新昌里，迎娶杨汝士之妹
	四年（809）	38岁	制作《新乐府》
	五年（810）	39岁	继续担任翰林学士，新任京兆府户曹参军
	六年（811）	40岁	母亲陈氏去世。辞官回到下邽服丧
	九年（814）	43岁	冬，以太子左赞善大夫身份复归朝廷

宪宗·元和	十年（815）	44岁	六月，宰相武元衡遭暗杀，上书请求查明真相。左迁江州司马
	十四年（819）	48岁	调任忠州刺史。途中偶遇元稹
	十五年（820）	49岁	夏，奉命回长安，任尚书司门员外郎。岁末任尚书主客郎中、知制诰
穆宗·长庆	元年（821）	50岁	于新昌里购置宅邸。十月转任中书舍人
	二年（822）	51岁	七月，请求外任，被任命为杭州刺史
	四年（824）	53岁	五月，被任命为太子左庶子，回到洛阳
敬宗·宝历	元年（825）	54岁	三月，任苏州刺史，前往苏州
	二年（826）	55岁	九月，辞去苏州刺史
文宗·大和	元年（827）	56岁	三月，被任命为秘书监，居住在长安新昌里
	二年（828）	57岁	二月，出任刑部侍郎
	三年（829）	58岁	四月，任太子宾客分司东都，前往洛阳
	四年（830）	59岁	十二月，出任河南尹
	五年（831）	60岁	秋，阿崔3岁夭折。七月元稹去世
文宗·大和	七年（833）	62岁	三月，辞去河南尹。四月，任太子宾客分司东都
	九年（835）	64岁	十月，任太子少傅分司东都
武宗·会昌	元年（841）	70岁	辞去太子少傅分司东都
	二年（842）	71岁	以刑部尚书致仕。刘禹锡殁
	五年（845）	74岁	编纂《白氏文集》75卷
	六年（846）	75岁	八月去世

代跋

如何解读白乐天

说到被吸收和渗透到日本文学中的中国诗人，应当最先举出的还是白居易的名字。诗作甫成就被传入日本的事例，也是绝无仅有。在平安时代的白诗热潮之后，室町时代五山文学所关注的对象转向杜甫和苏轼，进入江户时代盛唐诗和宋诗相继流行，白乐天的诗似乎隐藏在了潮流的背后。然而白乐天的文学已经超越了人们随时代而变化的喜好，广泛地渗透于"和文学"之中。

针对白乐天作品被广泛接受和吸收的现象，日本在学术研究方面已有丰富的积累。《白居易研究讲座》全套七卷于一九九八年出版完毕，其后自二〇〇〇年起每年编辑出版一册《白居易研究年报》（两者均为勉诚出版）。以一位中国作者为对象发表如此大量的论文，而且投稿来自日本文学与中国文学双方领域，除此之外再找不到第二个例子了。

在面向一般读者撰写的著作中，也有很多内容丰富的好书。例如平冈武夫《白居易》（筑摩书房，中国诗文选，1977）、太田次男《白乐天》（集英社，中国的诗人，1983）、西村富美子《白乐天》（角川书店，鉴赏中国的古典，1988）、亚瑟·韦利《白乐天》（花房英树译，美铃书房，1959，新装版2003）、下定雅弘《白乐天的喜悦——生命睿智的光辉》（勉诚出版，2006）等。

《白氏文集》在中国有顾学颉《白居易集》全四册（中华书局，1979）、朱金城《白居易集笺校》全六册（上海古籍出版社，1988），以及对诗附有详细校注的谢思炜《白居易诗集校注》全六册（中华书局，2006）等版本，均为经过断句的活字印刷。在日本冈村繁《白氏文集》全十五册（明治书院，自1988年截至2009年末已出版九册）是日本唯一对全部作品进行译注的著作。

白诗选集则数量众多。主要的有高木正一《白居易》上下（岩波书店，中国诗人选集，1958）、田中克己《白乐天》（集英社，汉诗大系，1964）、武部利男《白乐天诗集》（六兴出版，1981；平凡社，1998），石川忠久《白乐天100选》（日本广播协会，2001）等。

探讨白乐天与日本文学关系的论著不胜枚举，最近出版的主要有中西进《源氏物语与白乐天》（岩波书店，1997）、新间一美《源氏物语与白居易的文学》（和泉书店，2003）。

上述书籍都是由专业研究者执笔，而《大众诗人——白乐天》（岩波新书，1956）的作者片山哲则别具特色。片山先生是日本社会党出身的政治家，曾担任过日本总理大臣。这本书不仅反映出作为政治家的观点，还可以窥察到昭和三十年当时的时代氛围，从此意义上说也颇为耐人寻味。这堪称一个显著的事例，说明根据阅读者所处状况的不同，对同一作者同一作品也可以解读出诸多不同的方面。

多年来，讽喻诗一直被看作白乐天诗歌的中心。而近年在日本，闲适诗也受到瞩目。在每日的生活中感受舒畅的心情，品味生命的愉悦——不过想要对此自然地产生共鸣，也许要等到中年以后了。就我个人而言，二十多岁时因为生活太过淡泊而难以领会，随着腰腹间日益丰满，对白乐天的世界也有了切身的理解和感受。不仅仅沉浸于安闲的心境，对于"生"

的执着,对"人"之肯定,不正是白乐天文学的根基之所在吗?这与在无常观之下细致描写恋爱和季节的日本文学,在性质上大相径庭。

据说晚年的白乐天不知何故十分喜爱比自己年少四十岁的李商隐的诗。笔者在执笔李商隐诗译注(《李商隐诗选》,岩波书店)的迟滞之际,与编辑清水爱理的闲谈中聊到了白乐天,当时的闲谈成为写作此书的契机。为此书制定企划的是岩波新书编辑部的早坂纪香女士,因为我进度缓慢没能在她的任职期内完成。早坂女士退休之后,又承蒙平田贤一先生接手,为此书做了大量细致的工作。本书插图得助于同事宇佐美文理先生(中国艺术论领域专家)。除此之外也得到许多同仁的支持,谨记于此以表谢意。

2009 年 12 月

川合康三